DAR VOZ AL NIÑO

DAR VOZ AL NIÑO

Ser los padres que nuestros hijos necesitan

Yvonne Laborda

Grijalbo

Penguin
Random House
Grupo Editorial

Primera edición: mayo de 2019
Edición actualizada y ampliada: marzo de 2022
Segunda reimpresión: septiembre de 2023

© 2019, Yvonne Laborda
© 2019, Penguin Random House Grupo Editorial, S. A. U.
Travessera de Gràcia, 47-49. 08021 Barcelona

Penguin Random House Grupo Editorial apoya la protección del *copyright*. El *copyright* estimula la creatividad, defiende la diversidad en el ámbito de las ideas y el conocimiento, promueve la libre expresión y favorece una cultura viva. Gracias por comprar una edición autorizada de este libro y por respetar las leyes del *copyright* al no reproducir, escanear ni distribuir ninguna parte de esta obra por ningún medio sin permiso. Al hacerlo está respaldando a los autores y permitiendo que PRHGE continúe publicando libros para todos los lectores. Diríjase a CEDRO (Centro Español de Derechos Reprográficos, http://www.cedro.org) si necesita fotocopiar o escanear algún fragmento de esta obra.

Printed in Spain – Impreso en España

Diseño: Penguin Random House Grupo Editorial
Maquetación: M. I. Maquetación, S. L.

ISBN: 978-84-253-6215-6
Depósito legal: B-980-2022

Impreso en Gómez Aparicio, S. L.
Casarrubuelos, Madrid

GR 6 2 1 5 A

*Dedico este libro a mis cuatro sueños hechos realidad:
mi pareja Andreu y nuestros hijos, Ainara,
Urtzi y Naikari, quienes me han ayudado
a ser mejor persona*

Índice

Unas palabras de bienvenida 10

Introducción 16

¿Qué nos impide conectar emocionalmente con los niños?
¿Por qué nos cuesta tanto dar voz a los niños y sentirlos
    emocionalmente? 27
La influencia de nuestra infancia en cómo nos
    relacionamos con nuestros hijos y demás adultos 37
El sentimiento de culpa nos desconecta 51
¿De qué manera podemos utilizar las relaciones como
    oportunidades para aprender, mejorar y sanar? 57

Las cuatro raíces de Yvonne Laborda para una crianza consciente
PRESENCIA: La importancia de nuestra presencia,
    mirada y atención 75
VALIDAR: La importancia de validar emociones,
    sentimientos y necesidades 85
NOMBRAR: La importancia de nombrar la verdad
    y lo que realmente sentimos 95
INTIMIDAD EMOCIONAL: La importancia de
    la comunicación emocional.................................. 105

Sentir al niño

Niños etiquetados: la sociedad que no deja que los
   niños sean niños 127
Las rabietas de los niños no son lo que parecen 137
¿Cómo tolera tu hijo la frustración? 153
¿Cómo podemos empoderar a nuestros hijos en
   momentos de conflicto? 159
Relación entre hermanos 175
No pretender cambiarlos: cuando validar, nombrar
   y estar presente parecen no ser suficiente 191

Criar en un nuevo mundo

Una mirada crítica a los castigos, premios, sobornos
   y amenazas 201
7 REFLEXIONES para dejar de imponer límites arbitrarios
   a los niños 225
Control, autoridad y uso del poder frente a
   complacencia, libertad y respeto 235
Disciplina versus libertad y respeto 245
Principios y valores versus reglas y normas 255

Últimas reflexiones 271

Agradecimientos 283

Unas palabras de bienvenida

No es casual que tengas este libro en tus manos. Siempre he pensado que las personas, los libros y las experiencias nos llegan y aparecen en nuestra vida justo en el momento oportuno: cuando realmente estamos preparados para recibirlos.

Quizá tengas curiosidad por saber en qué consiste la crianza consciente que divulgo y promuevo. Puede que ya practiques o hayas oído hablar sobre la crianza respetuosa, de apego o natural, aunque mi mensaje y mi mirada van mucho más allá. Es vital tomar conciencia de nuestra historia personal y también de cómo nos afecta lo que les pasa a los niños. Aquello en lo que tanto nos cuesta acompañar y sostener emocionalmente cuando estamos con ellos es precisamente lo que más nos faltó a nosotros de pequeños. Tal vez sientas que la relación con tus hijos no es como te gustaría que fuese, notas que necesitas revisar algo y que es el momento de empezar a hacer cambios. Siéntete bienvenida/o independientemente de la razón que te ha traído hasta aquí. El lugar donde cada uno de nosotros está ahora es perfecto y legítimo.

Concibo la crianza consciente como un largo camino por el que vamos avanzando día a día; tenemos claro dónde nos gustaría llegar, pero no es un trayecto en línea recta. No importa en qué tramo nos encontremos ahora, lo verdaderamente esencial es que tomemos la dirección correcta y que seamos conscientes de que en este momento solo podemos (y debemos) seguir avanzando. Deseo que la lectura de *Dar voz al niño* sea una gran zancada en esta andadura, que te mueva emocionalmente y te inspire para conocerte un poco más, para explorarte, para transformarte e incluso para sanarte al dar y ofrecer a los niños de tu vida lo que quizá nunca recibiste de niño.

Como ves, el propósito de este libro es muy ambicioso. Pretendo que ahorremos tiempo a la hora de recorrer el camino necesario para poder llegar a ser el padre o la madre que nuestros hijos necesitan. No se trata de hacerlo mejor o peor que nuestros padres o abuelos. Simplemente propongo llevarlo a cabo teniendo en cuenta la verdadera realidad infantil, la verdadera naturaleza humana. Para ello, debemos tomar conciencia de todo aquello que legítimamente necesitábamos y merecíamos, pero que por desgracia no pudimos obtener de nuestros padres ni demás adultos de nuestra vida.

La crianza consciente que yo divulgo consiste en comprender por qué nos cuesta tanto ofrecer a los niños lo que tanto necesitan satisfaciendo, acompañando y validando en la medida de lo posible sus necesidades y ritmos biológicos. Mirar y sentir a los niños desde este lugar neutral y empático quizá no sea fácil, ya que muy pocos hemos sido tratados de esta forma. Dar lo que no se tuvo duele y cuesta mucho darlo emocionalmente hablando. La infancia es la etapa más corta en la vida de un ser humano; no obstante, esos primeros años nos marcarán, guiarán y dejarán huellas o cicatrices para el resto de nuestra existencia, aunque no seamos realmente conscientes de ello. Es durante estos años cuando más vulnerables somos y más cuidado y amor precisamos para sobrevivir y así convertirnos en la persona que verdaderamente hemos venido a ser. Al conectar con esta información, hoy podemos conocer mejor nuestra verdad para romper muchas cadenas transgeneracionales y cambiar el final de muchas historias.

Necesito poner de manifiesto que, en ocasiones, lo imposible es posible, que muchas experiencias ordinarias son simplemente extraordinarias. Yo soy una madre que de niña, adolescente y joven adulta tuvo que luchar contra un destino trágico. Tras superar y elaborar todo ese sufrimiento, logré cambiar el curso de mi propia vida poniendo mi experiencia profesional y personal —junto con mi proceso de superación personal— al servicio de los demás, en particular al de mis tres hijos y mi pareja. Poder llegar a dar a Ainara, Urtzi y Naikari lo que nunca recibí de mis padres me sanó y, por ello, prometí compartirlo. Sin duda, para mejorar y cambiar el mundo en una sola generación necesitamos empezar por casa, por los nuestros, por revisar cómo nos relacionamos los unos con los otros en nuestros ámbitos más íntimos y reducidos. Especialmente, debemos observar cómo nos relacionamos con los niños, cómo los estamos criando y educando. Si cada adulto que trata con niños pequeños o adolescentes tuviera el propósito de conseguir relaciones más amorosas y pacíficas, le permitiríamos poder llegar a convertirse en quienes han venido a ser —liberándolos de nuestros juicios, críticas, expectativas y necesidad de control y poder—; estoy convencida de que en tan solo una generación podemos cambiar y mejorar el mundo simplemente amando más y mejor a todos los niños de nuestra vida. Si a todos ellos los respetamos, escuchamos y amamos como necesitan, ya no tendrán la necesidad de amenazar, someter, abusar, ejercer el poder, crear guerras, ser vengativos... Solo con amor y respeto podemos crear un mundo mejor.

El cambio colectivo y social siempre comienza con el cambio individual. La sociedad no es más que el reflejo de lo que pasa o pasó en cada hogar. En este sentido, el libro que tienes en tus manos es provocador, ya que propone explorar nuestra historia personal para llegar a comprender por qué tenemos tantas reacciones emocionales automáticas, viejas creencias que nos limitan y viejos patrones de comportamiento que seguimos perpetuando de generación en generación. En definitiva, se trata de salir de nuestra zona de confort, de sentirnos muy incómodos en ocasiones y probablemente con unas ganas tremendas de empezar a hacer las cosas de otra forma. A veces será necesario sentirnos lo bastante incómodos para tomar la decisión de querer empezar a cambiar y transformar nuestra vida y nuestra manera de relacionarnos con los niños y demás personas. Quienes nos atrevemos a tomar caminos y decisiones diferentes también obtenemos resultados diferentes. Quienes hacemos cosas extraordinarias obtenemos resultados extraordinarios.

Me gustaría pedirte que mientras leas los capítulos de este libro seas muy consciente de qué te pasa por dentro emocionalmente hablando, qué piensas y qué sientes tú cada vez que algo te resulta nuevo o diferente. Fíjate en si lo aceptas como verdad, si lo cuestionas, lo juzgas, lo criticas, lo niegas, si conectas, si te inspira o te resuena. Intenta no intelectualizar solamente toda la información. Te invito a bajarla al sentir, a dejarte llevar por tu registro interno y preguntarte si tiene sentido para ti o no. Para poder cambiar ciertas actitudes, necesitaremos primero tomar conciencia de las creencias más limitantes que las alimentan, cuestionarlas y reconocer nuestras vivencias infantiles. Primero necesitamos dar voz a los niños que todos fuimos para luego poder conectar, sentir y dar voz a los niños de nuestra vida. Esa voz que nos faltó de niños es lo que más nos impide hoy poder escuchar la de nuestros hijos y demás niños. Nuestra verdad puede doler, pero esta no es buena ni mala, simplemente es la que es, y aceptarla nos liberará y nos permitirá sanar y transformarnos gracias a nuestra toma de conciencia, nuestras nuevas decisiones, nuestro compromiso y, finalmente, nuestra toma de acción. Te invito a subrayar, tomar notas, marcar con colores, dibujar... las ideas que te remuevan, que te creen resistencia, las que te apasionen. Es fundamental que hagas tuyo el libro y pases cada palabra por tu registro interno, tu sistema de pensamiento y por todo tu ser para que tenga sentido para ti.

No es tarea fácil criar a nuestros hijos bajo los valores y principios de la crianza consciente, ya que probablemente muchos de nosotros no recibimos ese trato, ese respeto, esa escucha, esa mirada, esa atención ni, ni mucho menos, la presencia de nuestra propia madre. Seguramente, en ese camino encontraremos cuestas, pero también descensos, y en ocasiones nos sentiremos muy solas o muy solos. Por ello, *Dar voz al niño* está preparado para usarse a modo de consulta en momentos difíciles. Si sientes que vuelves a patrones antiguos, pierdes el control, sigues teniendo reacciones emocionales automáticas..., no dudes en releer capítulos para empoderarte y reconectarte de nuevo. Probablemente, ante una situación de conflicto o desafiante, comprobarás que intelectualizar y leer no es suficiente (ya he comentado que es necesario bajar al sentir todo lo intelectualizado: cada palabra, cada frase, cada idea). El libro cuenta con varios ejercicios prácticos con el fin de inspirarte y acercar la crianza consciente a tu día a día. Cortar la cadena transgeneracional requiere de trabajo personal, confrontación con nuestro pasado y una gran responsabilidad. Se necesita tiempo y práctica, pero con amor todo se puede. Todas y todos tenemos la capacidad de cambiar, mejorar, transformar e incluso sanar nuestra vida y nuestras relaciones.

Mi gran esperanza es que, poco a poco, en esta generación y la próxima, muchos tomemos conciencia de que un cambio de paradigma en la crianza actual no solamente es posible, sino urgente. Hacer las cosas desde otro lugar más amoroso y respetuoso es posible. Solo necesitas tomar una decisión consciente ahora mismo y responsabilizarte. ¿Quieres llegar a ser la madre o el padre que tus hijos necesitan? Yo sí, hace años decidí anteponer la relación con mis hijos y mi pareja a todo lo demás; me comprometí con que la paz, la armonía y el amor reinaran en mi vida y en mi hogar la mayor parte del tiempo. Por este motivo escribo, comunico, comparto y divulgo todo lo que yo misma necesito seguir practicando, aprendiendo y recordando cada día de mi vida. Mi mayor deseo y propósito de vida es que al leer este libro a ti también te ayude e inspire. Recordemos que amar más y mejor a los niños es una decisión que podemos tomar cada día de nuestra vida.

Gracias por estar aquí.
Yvonne Laborda

Introducción

¿Realmente has elegido pensar y creer que los niños necesitan tantos límites arbitrarios, órdenes, ser castigados o premiados para desarrollarse sanamente? ¿O que si les respetas y los escuchas abusarán de ti? ¿De dónde vienen todas estas creencias tan limitantes basadas en la mano dura, los gritos y las amenazas en la crianza y la educación?

La verdad es que no hemos decidido conscientemente, sino que nos hemos dejado llevar sin pensar y sin cuestionarnos casi nada. Si pensamos de esta forma es porque mucha gente a nuestro alrededor aún piensa y actúa así, y porque nuestra madre y nuestro padre quizá pensaban y siguen pensando y actuando del mismo modo. Lo que sucede es que muy pocos hemos vivido, visto o sentido otro modelo de crianza. Aquel era nuestro escenario de infancia, pero, si hubiese sido distinto, nuestra realidad sería muy diferente hoy también.

Imagina a un adulto que de niño no fue castigado ni amenazado, sino escuchado y respetado, un adulto al que de pequeño se le habló con respeto, se le tuvo en cuenta, se le permitió tomar algunas de sus propias decisiones. ¿Crees que una persona que ha tenido estas vivencias preferiría castigar, premiar, amenazar, pegar, gritar, abusar, someter, obligar, humillar, criticar, no escuchar o no respetar a sus propios hijos o demás niños de su vida? Personalmente, pienso que no. Hacemos a los niños lo mismo que nos hicieron a nosotros. Estamos perpetuando en otra generación más los mismos tratos y patrones recibidos. Por tanto, te invito a ser el adulto (madre-padre) que hubieses necesitado tener cuando eras niño.

Me gustaría pedirte que leas con atención los siguientes puntos y revises tus respuestas. No dudes en escribirlas si así lo sientes.

- ¿Por qué solemos pensar que el problema siempre es del niño en lugar de revisar qué responsabilidad tenemos nosotros ante su malestar o su comportamiento?
- ¿Por qué respetar, escuchar, complacer y sentir emocionalmente a un niño se considera y se confunde con malcriar? ¿De quién hemos aprendido a pensar así? ¿Quién nos ha tratado de esta forma?
- ¿Por qué a la mayoría de los adultos les sale de forma natural y automática castigar, premiar, criticar o amenazar a los niños? ¿Por qué necesitamos usar el poder y el control sobre ellos?
- ¿Por qué nos cuesta tanto ser pacientes, amables y respetuosos con ellos?
- ¿Por qué casi siempre nos ponemos del lado del adulto y no del niño cuando hay malestar o se produce un conflicto?

La vivencia infantil de cada niño demuestra que aún estamos muy lejos de respetarlos, tratarlos y amarlos como legítimamente merecen y necesitan. Considero que ha llegado el momento de cuestionarnos qué hacemos con los niños de nuestra vida: cómo los criamos y educamos, con qué objetivo, desde dónde lo hacemos y por qué es así. Es el momento de detenerse, tomar nuevas

¿Qué deseas que tus hijos recuerden y cuenten de su infancia y su relación contigo?

decisiones importantes y responsabilizarnos. Si quieres cambiar o simplemente mejorar la forma de relacionarte con los niños de tu vida, empieza ahora mismo: ¿qué deseas que tus hijos recuerden y cuenten de su infancia y su relación contigo?

Mediante la crianza consciente te propongo criar desde otro lugar, teniendo en cuenta la verdadera realidad infantil, la verdadera naturaleza humana. Y no se trata de una moda de o una invención moderna ni de algo alternativo, porque, en verdad, la crianza consciente siempre ha estado ahí. Yo simplemente la bauticé así en 2010 para poder reconocer el verdadero diseño humano. Siempre hemos necesitado lo mismo como especie, solo que lo hemos olvidado. Se trata de conectar emocionalmente con el niño, tan solo sintiendo su experiencia real infantil, dejando de lado nuestra interpretación de los hechos.

Los niños resultan perfectos tal y como son, están absolutamente conectados con su verdadero ser esencial. Somos nosotros, los adultos, quienes nos hemos desconectado hace mucho tiempo y nos cuesta aceptarlos de manera natural, y por ello nos empeñamos en moldearlos, corregirlos o combinarlos. Siempre contamos con razones para no respetar lo suficiente sus necesidades y ritmos: nos justificamos con el trabajo, el colegio, los horarios, el qué dirán nuestros familiares o amigos. Vamos muy errados al haber naturalizado muchos hábitos y costumbres alejados de nuestra verdadera esencia, y no nos damos cuenta de que nos hacemos daño cuando nos tratamos de una forma opuesta a nuestra naturaleza: estamos diseñados para amar y ser amados.

Si ponemos nuestra mirada tan solo en su comportamiento, en lugar de en su sentir o en su ser, no podremos darles voz ni amarlos incondicionalmente. Parece que solamente nos preocupa cómo se comportan y nos olvidamos de que actuamos según nos

―――――――――
¿Qué entendemos por amar en la crianza consciente?
―――――――――

sentimos. ¿Qué entendemos por amar desde la crianza consciente? Amar es respetar, acompañar, complacer, escuchar, guiar, inspirar, proteger, estar presente, validar, nombrar, sentir y dar voz a nuestros hijos. El amor incondicional es lo que todo ser humano realmente necesita para poder ser libre y así convertirse en la persona que ha venido a ser. Y la triste verdad es que hay muchas ocasiones en las que sí podríamos ofrecérselo; sin embargo, elegimos no hacerlo.

Satisfacer la demanda del niño nos será más difícil y doloroso según el grado de vacío emocional del que provengamos, ya que estaremos más conectados con nuestra necesidad que con la suya. En *Dar voz al niño* te presento mi visión de la crianza consciente, tomando conciencia de nuestra incapacidad de dar y amar. Lo que me transformó y después se convirtió en mi pasión y vocación fue darme cuenta de que el hecho de que la crianza deba ser respetuosa, natural o de apego, etcétera, no es lo importante, sino que va muchísimo más allá. Y ese algo que transciende a los hábitos que practicamos es la conciencia que tenemos de todo aquello que nos pasa (emocionalmente hablando) cuando criamos a nuestros hijos y de lo que les pasa a ellos cuando nosotros no estamos emocionalmente bien. De cómo nos ahoga ofrecerles nuestra presencia, de cómo nos alteramos cuando nuestros pequeños no tienen su necesidad motriz satisfecha y empiezan a moverse más de lo que podemos sostener, de a partir de qué momento somos madres autoritarias, controladoras o abusivas. Con todo, lo importante no es eso que nos pasa, sino cómo lo vivimos y qué hacemos con ello.

Sanar nuestra herida primaria de la infancia es posible si tomamos conciencia de nuestras propias vivencias infantiles no resueltas, de nuestros introyectos, patrones y creencias más limitantes. Conectar y sentir al niño que fuimos será el primer paso para poder sentir hoy más y mejor a nuestros hijos y demás personas. Comprender y sanar requiere de una gran toma de conciencia y aceptación de nuestra verdad. Esta es mi propuesta para vivir bajo los valores y los principios de la crianza consciente: hacer un trabajo personal profundo y honesto que solamente algunos adultos estamos dispuestos a enfrentar, ya que duele reconocer que quizá nuestra infancia no fue todo lo feliz que creíamos. Esto puede ser muy duro de admitir, pero la verdad, como ya comenté anteriormente, no es ni buena ni mala, simplemente es la que es. La verdad sana, aceptarla es lo que nos liberará de todas esas reacciones emocionales automáticas que aún tenemos y que tanto nos impiden llegar a ser la madre o el padre que nuestros hijos necesitan.

Nuestra falta de mirada hacia los niños, de control ante muchas situaciones, genera malestar en ellos y perpetúa precisamente aquellos comportamientos que tanto nos molestan. Es nuestra responsabilidad entender por qué nuestro hijo hace lo que hace: la causa originaria del malestar que provocó tal actitud y la necesidad no satisfecha que hay tras ello. No se trata de ser perfectos, sino de tener la capacidad y la madurez emocional suficientes para nombrar aquello que nos pasa para poder liberar a los niños de toda culpa. Es vital observar, dar, satisfacer y amar a cada niño tal y como él lo manifiesta y necesita. Lo que les hacemos a los niños, cómo les tratamos y hablamos es nuestra responsabilidad. Ellos nunca son responsables de lo que un adulto les hace.

Podemos llegar a sanar nuestras heridas pasadas al tratar a los niños de nuestra vida como nos hubiese gustado que nos trataran a nosotros. Démosles todo el amor incondicional, la presencia y la mirada que nos faltó y cambiemos el final de su historia. Empecemos a hacer algo por y para ellos con el fin de que se sientan mejor y nunca tengan que perpetuar los mismos comportamientos.

Desde que conecté con mi mayor propósito de vida (que es inspirar, divulgar y ayudar compartiendo mi saber, mis investigaciones, mis aprendizajes, mi visión, mis conocimientos, mis experiencias con la crianza consciente y, sobre todo, poniendo mi propio proceso de superación personal al servicio de los demás), trabajé para poder ofrecer un mensaje claro, accesible e inspirador que ayudara no solo a mejorar el vínculo afectivo con los niños de nuestra vida, sino también a mantener dicho vínculo o a crearlo si nunca lo tuvimos. Mi mensaje también nos ayudará a poder corregir y transformar, e incluso a usar a nuestro favor todos aquellos errores que hayamos cometido en el pasado, tanto en los hogares con nuestros hijos como en la escuela o en cualquier otro lugar donde nos relacionemos con niños y adolescentes. Mi propósito es ayudar a mejorar nuestras relaciones dando más voz a los niños (tanto a los que fuimos como a los que tenemos en nuestra vida) y conectando con su verdadera esencia y biología.

Para ello he elegido empezar por el origen y la base de todo ser. Los niños son como una semilla que un buen día llegará a ser un gran árbol y que a su vez dará maravillosos y deliciosos frutos, siempre y cuando reciba todos los nutrientes desde sus raíces y el entorno sea suficientemente favorable. Usando esta misma metáfora, he creado las *cuatro raíces de la crianza consciente* que todo niño necesita para desarrollar su verdadera esencia. Estas raíces no son métodos ni estrategias para que los pequeños sean o se comporten como nosotros deseamos, necesitamos o para que nos obedezcan, sino que son los pilares que les permitirán crecer mientras nutrimos su alma y su corazón. Las raíces no suelen ser visibles, pues están fuera de nuestro alcance; no obstante, determinarán la salud del árbol. Sin tener en cuenta estas cuatro raíces —que se complementan entre sí y nos muestran una verdad muy invisible para muchas personas, e incluso me atrevería a decir que son cuatro leyes universales—, el niño no podrá florecer: necesitaremos regarlas, cuidarlas, respetarlas, observarlas, mantenerlas sanas y fuertes, algo imprescindible para permitir al niño llegar a SER. A continuación, te las presento:

DAR PRESENCIA: estar presente no es simplemente hacernos compañía o compartir un espacio, es estar por y para nuestros hijos con toda nuestra atención, tanto si son pequeños como adolescentes, y, a ser posible, con los cinco sentidos. Nuestra presencia les confirma que deseamos estar con ellos, que los amamos y que son importantes para nosotros. Los niños saben que los adultos dedicamos tiempo y atención a aquello que para nosotros es importante. Invito a darles nuestra presencia por elección y no por obligación.

VALIDAR: es esencial y vital poder aceptar lo que un niño siente o necesita en cada momento a pesar de que no podamos satisfacerle, comprenderle o ayudarle. Validar sus emociones y necesidades le dará la confianza suficiente para saber que no está equivocado sintiendo o necesitando esto que su cuerpo manifiesta. Poner en palabras o traducir lo que cada niño siente o necesita, legítimamente hablando, les dará seguridad.

NOMBRAR: ser sinceros y honestos con nuestros hijos sobre cómo nos afecta lo que les pasa. Expresar nuestro sentir les ayudará a comprender que ellos no son en absoluto responsables de lo que un adulto les hace o les dice. Nombrar la verdad sobre los hechos o lo que sentimos resulta de gran importancia para que los niños puedan comprender lo que sucede a su alrededor. Por otro lado, es importante que demos voz a nuestros hijos nombrando su realidad, su verdadera vivencia infantil, cuando estén con otras personas. El mayor problema es que por lo general no vemos ni sentimos ni conectamos con las verdaderas necesidades de los niños.

INTIMIDAD EMOCIONAL: hablar, sentir, conectar, fluir y escuchar desde nuestro sentir sin juzgar ni criticar. Crear intimidad emocional es vital para vivir en un ambiente seguro donde se produzca una comunicación conectiva, emocional y empática. Explicarles cómo nos sentimos, qué nos pasa o qué necesitamos fortalecerá la relación y a su vez creará un entorno lo suficientemente seguro e íntimo para que se sientan libres de compartir, si así lo desean o necesitan. Crear una intimidad emocional en la infancia nos permitirá tener relaciones más cercanas y sanas con nuestros hijos adolescentes.

Nunca olvidemos que es mucho más fácil respetar, escuchar, acompañar y amar a un niño incondicionalmente que sanar a un adulto que no fue amado de niño. Espero y deseo que la lectura de este libro te muestre que es posible romper la cadena transgeneracional de desconexión y desamor, y recuperar lo que siempre estuvo allí y todos necesitábamos pero olvidamos. Estoy convencida de que nuestros nietos tendrán padres mucho más conscientes y respetuosos con los procesos naturales y las necesidades de los pequeños. Todos esos niños amados, escuchados y respetados serán quienes den el paso para un nuevo mundo más pacífico y amoroso. ¿Cómo te gustaría que fueran los padres de tus nietos? ¿Qué infancia necesitarán vivir tus hijos para convertirse en esos padres amorosos, respetuosos, amables y pacientes?

¿A qué estamos esperando?

¿Qué nos impide conectar emocionalmente con los niños?

¿Por qué nos cuesta tanto dar voz a los niños y sentirlos emocionalmente?

En primer lugar, debo decir que el principal y más lamentable motivo por el que no nos es posible dar voz a los niños es que en nuestra infancia nosotros tuvimos muy poca o ninguna voz. No contamos con el registro emocional de haber sido escuchados, respetados y amados lo suficiente y como realmente necesitábamos. Nuestros padres nos dieron lo que tenían en la medida en que ellos recibieron, y la triste verdad es que no siempre obtuvimos lo que legítimamente precisábamos y merecíamos.

Antiguamente se castigaba a los niños con severidad, incluso físicamente, tanto en el colegio como en casa, y a casi nadie le parecía mal. Y no nos debe sorprender que muchos niños a muy corta edad tuvieran que trabajar duro. Después de varias generaciones nos hemos dado cuenta de que el castigo físico es inhumano, por lo que en muchos países es ilegal. No obstante, aún existen lugares en el mundo en los que pegar a los niños se considera una práctica normal e incluso está bien visto. Si los adultos pegamos, insultamos, humillamos y castigamos a los niños es porque nosotros también fuimos víctimas de violencia, desamparo y abuso. Repetimos y perpetuamos el mismo «mal» trato que recibimos.

Mi gran esperanza es que en un futuro muy próximo, a ser posible mañana mismo, nos demos cuenta del grado de abuso emocional y violencia tanto activa como pasiva que aún ejercemos, hoy en día, sobre los niños de nuestra vida. Muchos adultos pensamos que no somos violentos ni autoritarios con nuestros hijos, ya que no les pegamos. Y, si bien es verdad que no hay tanta violencia activa visible en la actualidad, seguimos siendo violentos en nuestra forma de hablarles y tratarlos. La vivencia infantil de cada niño nos demuestra que aún estamos muy lejos de respetarlos, tratarlos y amarlos como merecen y necesitan. Nos es muy difícil entender y conectar con la vivencia interna de un niño, nos cuesta sentirlos, escucharlos y comprenderlos, pues solo somos capaces de sentir nuestro propio malestar y nuestro vacío emocional, y no el de ellos.

Perdimos la capacidad de ver, de sentir, de empatizar con el otro porque no fuimos suficientemente vistos, mirados ni sentidos por nuestras madres, padres y demás adultos. Por tanto, ahora seguimos precisando recibir lo que no obtuvimos de pequeños, y ese vacío emocional es justamente lo que más nos impide poder dar, satisfacer y acompañar a nuestros hijos y demás niños. No somos capaces de ser la madre o el padre que nuestros hijos necesitan: sentimos nuestras necesidades de poder, control, autoridad, silencio, paz, orden, calma..., y les pedimos y exigimos que nos las satisfagan sin tener en cuenta primero las suyas. Los niños no pueden satisfacer las necesidades de los adultos ni conectar con ellas si primero no han sentido que satisfacen, o al menos escuchan y validan, las suyas. Somos los adultos quienes debemos dar primero a nuestros niños para que ellos a su vez puedan dar cuando crezcan. Aprendemos a dar habiendo recibido lo que legítimamente necesitábamos. Aprendemos a escuchar y respetar a los demás y a nosotros mismos habiendo sido escuchados y respetados.

> Aprendemos a dar y a amar habiendo sido amados.

Aprendemos a amar habiendo sido amados incondicionalmente. Si no recibimos esto en la primera infancia y durante la adolescencia, no podremos ni habremos aprendido a dar a lo largo de nuestra vida. Hay dos etapas bien diferenciadas en la vida: la de dar siendo padres (adultos) y la de recibir siendo niños. Cuando esta ley universal se invierte es cuando empiezan todos nuestros problemas emocionales.

¿Cómo puede un niño satisfacernos y tener en cuenta nuestras necesidades si no hemos tenido en cuenta las suyas?

Las necesidades no satisfechas en la niñez no desaparecen: se niegan, se reprimen, se anestesian y finalmente se postergan a la siguiente etapa. Esto perpetúa en una generación más lo mismo, a menos que tomemos conciencia de qué fue todo aquello que nos pasó y tanto nos faltó. Muchos de nuestros problemas emocionales (conflictos) se producen cuando el orden de dar y recibir se invierte, pues dar lo que no se tuvo duele. Para sanar a nuestra niña o niño interior herido necesitaremos primero sentir y conectar con algunas de nuestras vivencias y experiencias infantiles para luego poder darles voz y maternar a esa niña que una vez fuimos. Esa conexión nos ayudará a sanar y nos liberará para poder acompañar más y mejor a los niños de nuestra vida, y desde ahí poder llegar a ser los padres que ellos necesitan que seamos. Dar lo que no se tuvo requiere de una gran toma de conciencia y de un importante compromiso personal. Lamentablemente muy pocos adultos estamos dispuestos a reconocer y aceptar todas esas carencias, esos vacíos emocionales, ese gran malestar, esas heridas, esos patrones y esas creencias tan limitantes que arrastramos. La aceptación de nuestra verdad es vital para no proyectarla y perpetuarla en la siguiente generación.

> Dar lo que no se tuvo duele.

¿Por qué nos cuesta tanto reconocerlo?

Simplemente porque aceptar que no nos pudieron acompañar y amar tal y como necesitábamos duele. Y, además, ponemos en evidencia a nuestros padres, a los que muchos tenemos idealizados, y reconocer eso hace que los percibamos tal y como realmente son y no como nos gustaría que fuesen. Romper la cadena transgeneracional requiere de un trabajo personal profundo, enfrentarnos a nuestro pasado y nuestra sombra, y de una gran responsabilidad y compromiso por nuestra parte. También cuesta admitir y ser consciente de que mamá y papá hicieron lo que entonces pudieron, pero que quizá no fue suficiente. Si nos dieron poco, es porque a su vez ellos también recibieron muy poco, y así sucesivamente... Ellos quizá no sanaron su infancia, pero nosotros sí podemos tomar la decisión de no seguir haciendo a los niños lo mismo que nos hicieron. Cuando no hemos recibido lo que necesitábamos nos es muy difícil poder darlo, y seguiremos pidiendo al otro (pareja, hijos, amigos...) aquello que no obtuvimos en forma de pedidos desplazados. Más adelante hablaré en profundidad sobre este tema.

De niños pedíamos y suplicábamos ser vistos, escuchados, amados, aceptados, respetados... por mamá y papá; y ahora de adultos demandamos a nuestros hijos y a nuestras parejas aquello que somos incapaces de darles, porque en el fondo seguimos necesitando cubrir esas carencias. Eso es lo que yo llamo pedidos desplazados. Pedimos obediencia ciega y ejercemos el poder para satisfacer nuestras necesidades infantiles de yo valgo, yo importo, yo merezco... no satisfechas. Nos sentimos vacíos emocionalmente hablando y nos faltan herramientas y recursos

> *Romper la cadena requiere de un trabajo personal, confrontación con nuestro pasado y nuestra sombra, y de una gran responsabilidad.*

para gestionar nuestras propias emociones y necesidades. Lo más triste de esta penosa situación es que muy pocos somos verdaderamente conscientes de ello y seguimos perpetuando la misma cadena por falta de comprensión y conexión entre lo que nos pasó de niños y adolescentes y lo que nos ocurre hoy, la cual se manifiesta debido a ello. Continuamos pensando que el problema está en los niños y no en cómo los adultos los criamos, educamos, tratamos, hablamos, complacemos, escuchamos, respetamos y miramos. En definitiva, somos niños disfrazados de adultos. Y el problema más común que tienen muchos niños es que están rodeados de adultos que no les comprenden.

Mi mayor deseo es que, de igual modo que muchos adultos nos hemos dado cuenta hace ya tiempo de que pegar, abusar y hacer trabajar a los niños son actos violentos que les lastima física, psicológica y emocionalmente, sea posible que un día, no muy lejano, también nos demos cuenta de que castigar, amenazar, obligar, insultar, comparar, forzar, gritar, desatender, no escuchar, ordenar, exigir, premiar, humillar, rechazar, criticar, juzgar e ignorar a un niño también es maltrato, abuso emocional y un acto violento. A nadie le gusta ser tratado así (repito, a NADIE) y, desde luego, no nos hace mejores personas ni más felices; más bien provoca que nos sintamos mal, muy mal. Y ese malestar interno nos desconecta de quien realmente somos y hemos venido a ser, así como de nuestros padres, y logra que de adolescentes y adultos sigamos tratándonos así los unos a los otros, pensando que eso es lo que toca, lo «normal», lo habitual y, lo que es peor aún, creyendo además que es necesario. Es sencillo: ser maltratado (que te traten mal) impide que podamos sentir al otro o conectar con sus verdaderas necesidades, deseos o intereses. La rabia, el enfado, la frustración y la gran confusión que sienten los niños al ser tratados de este modo no les permite empatizar con los demás. Se sienten solos, desesperados y totalmente desamparados. Se nos ha olvidado cómo nos sentíamos de pequeños porque nadie lo nombró ni lo tuvo en cuenta, porque lo que no se nombra no existe para el niño, y por tanto es muy probable que les hagamos lo mismo a nuestros hijos, a menos que nos concienciemos y tomemos decisiones diferentes. Esto nos llevará a resultados y vidas también diferentes.

Mi intención, mi mayor propósito, es dar voz a todos esos niños y niñas que una vez fuimos para luego poder dársela a su vez a los niños con las que compartimos nuestra vida y, desde ahí, poder convertirnos en los adultos que tanto hubiésemos necesitado tener de niños a nuestro alrededor. Por tanto, si seguimos haciéndoles estas cosas desagradables a los niños que no le haríamos jamás a un adulto o que no quisiéramos que nadie hiciera con nosotros, podemos reflexionar sobre las siguientes preguntas:

- ¿Por qué seguimos castigando, amenazando, criticando, juzgando y humillando a los niños en general?
- ¿Por qué necesitamos ejercer el poder y el control sobre ellos?
- ¿Por qué necesitamos su obediencia y complacencia ciega?
- ¿Por qué no podemos satisfacer sus necesidades de contacto, juego, escucha, motricidad, presencia, mirada, atención...?
- ¿Por qué pensamos que un adulto puede pedirle, hacerle y decirle a un niño lo que le plazca?
- ¿Por qué obligamos a los niños a dar besos y abrazos no deseados?
- ¿Por qué obligamos a los niños a acabarse un plato de comida que no desea o no necesita?
- ¿Por qué no podemos sentir la pena, la soledad, el miedo, la vergüenza, la falta de amor y la desesperación que sienten nuestros hijos cada vez que los tratamos así?
- ¿Qué es lo que nos impide empatizar, ponernos en su lugar y conectar con su vulnerabilidad y su tristeza?

- ¿Qué es lo que verdaderamente nos impide llegar a ser la madre o el padre que cada uno de ellos necesita que seamos?

La respuesta a todas y cada una de estas preguntas es simple: de niños hemos recibido y sufrido lo mismo. Nosotros también hemos estado en ese lugar y, aunque algunos no lo recordaremos porque nadie lo nombró ni nos dieron voz, seguro que no tentaríamos de este modo a nadie si no nos hubieran tratado de esa misma manera a nosotros primero. Repetimos esos mismos comportamientos sin cuestionarlo ni reflexionarlo siquiera. Ahora, déjame que te pregunte: ¿cómo te sientes después de tratar a un niño de este modo? Si te sientes mal, triste o culpable, es señal de que ese no es el camino. Nuestras emociones internas siempre nos guiarán hacia la paz y armonía del ser. Y cuando nos alejamos de nuestro ser esencial nos sentimos mal.

¿Cuántas generaciones más debemos esperar para darles voz a nuestros hijos y demás niños de nuestra vida? Rompamos la cadena transgeneracional de una vez por todas y dejemos atrás todo lo que no queremos seguir perpetuando.

Nuestros hijos no necesitan padres, madres o adultos «perfectos», sino personas sinceras, humildes, honestas, capaces de nombrar su verdad, mostrar su vulnerabilidad y ser conscientes de su propia historia personal, además de sus heridas primarias y emocionales. Que sepan disculparse cuando cometen errores y sepan corregirlos o compensarlos. Que conozcan y reconozcan sus verdaderas limitaciones y se responsabilicen de ellas sin culpar a los niños de sus propios actos. Que deseen tomar conciencia de sus vacíos emocionales y revisarlos

> **Todos tenemos la capacidad de cambiar, transformar, mejorar y sanar nuestras relaciones afectivas tomando nuevas decisiones conscientes.**

para superarlos y sanarlos. Que elijan hacer las cosas desde otro lugar más respetuoso, amable y amoroso. Todos tenemos la capacidad de cambiar, transformar, mejorar y sanar nuestras relaciones afectivas tomando nuevas decisiones conscientes.

Existe la creencia de que los niños necesitan mano dura, saber quién manda, límites impuestos y arbitrarios y mucha disciplina para llegar a ser alguien de bien. Sin embargo, solo con amor y respeto podremos ayudar a alguien a desarrollar estas virtudes. ¿Cómo podemos creer que haciendo cosas desagradables a los niños conseguiremos que sean más amables? Solo necesitan sentirse seguros, que les informemos respetuosamente de los límites, que les escuchemos, amemos, tengamos en cuenta y que cuenten con un buen modelo a su alrededor en quien inspirarse.

Si les pegamos, aprenderán a pegar; si les gritamos, aprenderán a gritar; si les obligamos o castigamos, aprenderán a obligar y castigar a los demás. Como ya hemos dicho, nada de esto nos ayuda ni inspira para ser mejores personas. Si queremos que nuestros hijos sean educados, pacientes, respetuosos, honestos, empáticos, compasivos, humildes, bondadosos..., seamos de ese modo con ellos primero para que aprendan con nuestro ejemplo. No podemos pretender que lo sean si los tratamos con autoridad, poder, control y hostilidad. Eso no es posible. Los niños no hacen lo que les decimos, sino lo que nos ven hacer.

Cuando empecemos a revisar nuestras propias infancias y las de nuestros padres y abuelos, comprenderemos el origen de toda esta violencia, crueldad, venganza, rabia, odio, necesidad de poder y control, de esa desconexión de nuestro verdadero ser esencial.

Dar voz a los niños cuando otras personas no lo hacen también es vital. En casa de familiares o amigos podemos encontrarnos en situaciones donde no se les habla, no se les trata con respeto, se les obliga a comer o hacer cosas que quizá no puedan hacer o no les apetezca, como es el caso de dar o aceptar besos y abrazos no deseados. Hay personas que, en lugares públicos, se muestran muy poco respetuosas e impacientes con los niños. En situaciones como estas, podríamos dar voz al adulto y al niño a la vez. Diciendo, por ejemplo: «Cariño, hay gente esperando en la cola y creo que este ruido y verte correr arriba y abajo les incomoda. Ya sé que estás aburrido y es tarde, pero ¿qué podrías hacer que no fuera correr? ¿Puedo yo hacer algo por ti?»; o también: «Cariño, ya sabes que en casa de la abuela no ponemos los pies sobre el sofá. Estamos en su casa y ella lo prefiere así». Si alguien ha sido muy duro o autoritario con un niño: «Cariño, ¿cómo te sientes? Creo que no te ha gustado cómo te ha hablado el abuelo, ¿verdad? ¿Necesitas decirle algo o prefieres que le diga yo algo?». Si les damos voz y ven que estamos de su lado, verán que son importantes para nosotros, y lo que los demás hagan o digan no tendrá tanto impacto emocional sobre ellos, pues se sentirán seguros, respetados y tenidos en cuenta por nosotros. Se identificarán con el amor, la ternura y el respeto que reciben a pesar de que otras personas no les traten de igual modo. Nuestro amor y respeto les empoderará para poder gestionar mejor los momentos desagradables o de conflicto. Sabrán que sí merecen ser respetados y se harán respetar por los demás, así como también respetarán a los demás.

Muchos adultos crean alianzas entre ellos en contra de los niños, provocando que estos se sientan aún más solos, más abandonados y completamente perdidos. Muy probablemente, muchos de estos adultos quizá no tuvieron voz de niños; por tanto, la siguen necesitando desesperadamente ahora y lo proyectan sobre los niños. En muchas ocasiones nos preocupará más lo que un adulto pueda pensar sobre nosotros o sobre el comportamiento de nuestro hijo que lo que nuestro hijo esté sintiendo o necesitando. En esos momentos, es cuestión de priorizar quién es más importante para nosotros.

Solo tratando, viendo, mirando y, sobre todo, SINTIENDO a los niños de un modo distinto podremos darle un giro de ciento ochenta grados al tipo de sociedad que tenemos ahora y que deseamos mejorar y cambiar. Para comprender el pasado y los estragos que ha vivido una sociedad solo hay que ver cómo trata a sus niños. Esta solamente es el vivo reflejo de lo que ocurre y ocurrió en cada hogar. Hagamos de cada uno de ellos un lugar de amparo, respeto, cariño, ternura, mirada y AMOR incondicional para todos.

> Perdimos la capacidad de ver y sentir al otro porque no fuimos vistos, mirados ni sentidos lo suficiente por nuestras propias madres, padres y demás adultos. Por tanto, ahora que somos adultos seguimos necesitando recibir lo que no obtuvimos de niños, y ese vacío emocional es lo que nos impide poder dar a nuestros hijos y demás niños lo que legítimamente necesitan de nosotros. No somos capaces de ser la madre o el padre que nuestros hijos necesitan que seamos. Anteponemos nuestras necesidades de poder, control, autoridad, silencio, paz, orden, calma... y les pedimos y exigimos que nos las satisfagan sin nosotros tener en cuenta primero las suyas.

La influencia de nuestra infancia en cómo nos relacionamos con nuestros hijos y demás adultos

La infancia que cada uno de nosotros ha vivido deja una huella o una cicatriz al caminar. En ocasiones somos clones de papá o mamá: hablamos como ellos, nos comportamos como ellos, incluso podemos llegar a pensar como ellos. Otras veces no deseamos parecernos nuestros padres y, entonces, actuamos por oposición: no queremos usar sus mismas palabras o frases, ni vestir como él o ella, ni parecernos a ellos en nada.

Ser auténticos y sinceros con nosotros mismos a pesar de todo lo vivido no es tarea fácil, pero sí posible. Tanto si repetimos las mismas acciones y los mismos patrones (ellos me hicieron, por tanto, yo ahora hago) como si nos oponemos a ello (no voy a ser como ella o como él en nada), esto nos aleja de nuestro verdadero ser esencial: esa autenticidad única que cada uno de nosotros ya tiene.

¿Cómo puedo saber que lo que hago, digo y pienso lo realizo con voz propia y no simplemente por repetición (al haber sido la hija de...) o por oposición (no voy a ser ni quiero ser como ellos)? No es fácil llegar a saber qué partes de nosotros son realmente nuestras y cuáles prestadas. Los introyectos que nos «tragamos» de pequeños sin digerir son los que solemos repetir con nuestros hijos, aunque no seamos realmente conscientes de ello. Por introyectos entendemos todas esas órdenes, mandatos, creencias y frases que nos decían u oíamos, especialmente de mamá, y que hemos hecho nuestros. Su voz ha acabado siendo nuestra propia voz interior. Lo que mamá nombraba era la verdad absoluta para nosotros. También hemos introyectado actitudes, costumbres y hábitos, por ejemplo, de limpieza y orden. Los hemos interiorizado tanto que nos los creemos. Por ejemplo:

Los que vienen de la familia:
«Tú no sabes. Tú no vales. No interrumpas cuando los adultos hablan. Vete a la cama. Déjame tranquila. No molestes. ¡Cállate! ¿Dónde vas con esa ropa? Con las manos no se come. El pelo así no te queda bien. Tu opinión no importa. No botes, para ya. ¿Cuántas veces te he dicho que...? A mí no me mires así. Hay que estudiar para llegar a ser alguien de provecho. Importa más lo que uno tiene que lo que uno es. La ropa se dobla así. Tienes que acabarte el plato. No vayas descalzo...».

Los que vienen del colegio:
«¡No hables! No te muevas. No juegues. Ahora eso no importa. ¿Eres tonto o qué? Tienes que hacerlo te guste o no. Tienes que estudiar, si no, en un futuro no serás nadie. Siéntate bien. No molestes. Los deportes y lo artístico no son importantes...».

Los culturales:
«Los niños no lloran. Compórtate como una señorita. Los niños ver, oír y callar. Da las gracias. Di por favor. Dale/dame un beso. Los niños juegan a la pelota y con coches, y las niñas con muñecas. Hay que tener una carrera, trabajo, coche, casarse y tener hijos antes de los treinta y cinco. Los adultos mandan sobre los niños. Cuidado, que los niños te tomarán el pelo. Escuchar, respetar y amar a los niños es malcriarlos».

Recibimos y seguiremos recibiendo introyectos cada día de nuestras vidas. Lo importante es saber con cuáles nos quedamos, porque nos sirven o ayudan, y cuáles descartamos, porque ya no nos sirven o nos impiden llegar a ser nosotros mismos. En lugar de tragárnoslos sin digerir, podemos saborear algunos que sí encajan con nosotros y desechar los que no. Todos hemos recibido mensajes sutiles sobre cómo debíamos ser, cómo nos teníamos que comportar, qué podíamos o no decir, hacer y cuándo o de qué manera. Y para tener el reconocimiento, la aceptación o la atención de mamá, papá, el profesor, el abuelo... hacíamos lo que ellos esperaban de nosotros. Entonces es cuando empezamos a dejar de ser nosotros mismos por miedo a ser rechazados, no tenidos en cuenta o no amados ni aceptados tal y como realmente somos. Un niño hará lo que sea para recibir la mirada, la atención, la aceptación, la valoración y el amor de sus padres y demás adultos, incluso dejará de ser él mismo si es necesario para llegar a convertirse en la persona que nosotros queremos, deseamos y necesitamos que él o ella sean. Ahí empieza el verdadero desastre: la gran desconexión de nuestro verdadero ser, de nuestras necesidades y emociones. Ya no recordamos quién era la persona que realmente vinimos a ser.

> Yo no quiero que mis hijos tengan que pasar media vida buscándose a sí mismos, como muchos adultos hemos tenido que hacer.

¿Eso es lo que queremos que les vuelva a ocurrir a nuestros hijos? Yo no quiero que mis hijos tengan que pasar media vida buscándose a sí mismos, como muchos adultos hemos tenido que hacer. Es mucho más fácil respetar, escuchar y amar incondicionalmente a un niño que sanar a un adulto que no fue amado.

¿Por qué nos cuesta tanto cambiar todo lo aprendido? ¿Qué impide el cambio?

Antes de nada, diría que la falta de modelos en nuestro día a día es una cuestión sumamente importante. Necesitamos ayudarnos, inspirarnos y acompañarnos los unos a los otros para hacer un frente común a favor de los niños. Cuesta mucho nadar a contracorriente en soledad. Amar, respetar, escuchar y complacer a los niños aún no es una realidad social, y esto nos frena, así que seguimos haciendo lo mismo que vemos a nuestro alrededor o lo que hemos experimentado a pesar de que sentimos que no estamos en armonía actuando así.

A veces no sabemos cómo hacerlo mejor ni por dónde empezar. No obstante, nuestro sentir nos avisará si estamos en el camino que deseamos o no. Si nos sentimos mal después de hacer o decir algo, eso nos confirma que hay otra forma mejor. Necesitamos inspiración de alguien que nos guíe y nos ayude. Este libro es una gran invitación para este cambio de mirada, y para ello necesitamos «sanar la herida primaria» de nuestra niña o niño interior con el fin de poder liberarnos y empezar a dar y amar más y mejor a los niños de nuestra vida. Más adelante descubriremos cómo podemos empezar a dar y ofrecer aquello que nosotros no recibimos cuando fuimos niños.

¿Cómo podemos dar algo que no hemos recibido ni sentido?

Si no tenemos ningún registro emocional de haber vivido, sentido o experimentado algo, nos será muy difícil poder encontrarlo dentro de nosotros, ¿verdad? Si no fuimos respetados ni tenidos suficientemente en cuenta del modo en que todo niño legítimamente necesita, ¿cómo voy a poder empatizar con las necesidades de mi bebé, luego con las de mis hijos pequeños y, por último, con las de los adolescentes? Nos hace mucha falta poder constatar a través de otros modelos de familias que sí es posible relacionarnos con los niños de otro modo más amable, respetuoso y amoroso, sin dar tantas órdenes, presionarlos ni obligarlos, sin amenazas, sin tantos premios, sin castigos y sin ejercer tanto control y abuso emocional sobre ellos, sino con más respeto, libertad, confianza, complicidad, ternura, conexión e intimidad emocional, armonía, paz y amor incondicional. Pero ¿dónde están todos esos modelos? Tú puedes llegar a serlo. Tú puedes dar voz a tus hijos. Hagamos como dijo Gandhi: «Se tú el cambio que deseas ver en el mundo». Con este libro deseo y pretendo, desde lo más profundo de mi corazón, tocar el tuyo para poder inspirarte a hacer algunos cambios en tu sentir y en tu mirada hacia los niños y adolescentes de tu vida mientras das voz también a la niña o niño que fuiste.

Creo que el hecho de no ser fiel a papá o a mamá puede ser un gran impedimento a la hora de poder llevar a cabo un verdadero cambio de mirada y actitud, pues, si hacemos las cosas de manera diferente, es como si no les aceptáramos, como si no los reconociéramos e incluso los desaprobáramos. Sentimos que no les seremos leales si elegimos hacer las cosas de otro modo, pues aún estamos hambrientos y necesitados de su aprobación. Invito a comprender y validar por qué nuestros padres se comportaron del modo que lo hicieron, pero eso no significa que elijamos hacerlo igual, ya que ellos estaban en un lugar distinto al nuestro. Podemos decidir responsabilizarnos y tenemos el derecho a hacer las cosas de otro modo. Nuestros padres lo hicieron lo mejor que pudieron, supieron o decidieron en ese momento, aunque nosotros hayamos sufrido algunas consecuencias de sus actos. No olvidemos que ellos también vivieron su infancia en manos de nuestros abuelos, pero lo que sí depende de nosotros en este preciso instante es el aquí y el ahora con nuestros hijos. Nuestra próxima interacción con ellos puede ser más armoniosa y amorosa, podemos decidir qué haremos con todo lo que nos pasó, con todo lo que nos hicieron, con todas esas palabras, frases y experiencias desagradables y hostiles que aún resuenan en nuestra mente y habitan nuestro cuerpo. No solo nos afecta lo que nosotros vivimos, sino también lo que nuestros hermanos y hermanas tuvieron que vivir mientras nosotros éramos testigos de ello. Un niño testigo de violencia también es víctima de ella. Yo escojo responsabilizarme de mis actos hoy, aquí y ahora. ¿Y tú?

¿Qué podemos hacer con todas esas «reacciones emocionales automáticas» que nos salen de forma tan natural y espontánea casi sin darnos cuenta?
Invito a preguntarnos:

- ¿Qué me enfada o molesta tanto?
- ¿Cuál es el detonante y cuál la causa real?
- ¿En qué momento me sale el automático?
- ¿Con qué conecto?
- ¿Dónde y de quién lo aprendí?
- ¿Qué emociones se me actualizan exactamente?
- ¿Por qué me sale de una forma tan natural y espontánea gritar, amenazar, castigar...?
- ¿Por qué no nos sale de forma igual de natural escuchar, respetar, acompañar, sostener, esperar, ayudar...?
- ¿Qué nos da tanto miedo?

Cuando nos enfadamos, muchas veces, lo que sentimos es un reflejo de las experiencias vividas en nuestra infancia. Salen emociones reprimidas. El corazón se nos acelera a medida que vamos emitiendo juicios sobre lo sucedido, nuestros niveles de cortisol y adrenalina suben, la cara enrojece, la visión se estrecha y estamos a punto de hacer o decir algo que puede empeorar las cosas.

Como muchas de nuestras cicatrices no sanaron cuando éramos niños, es más fácil que explotemos cuando alguien abre esas viejas heridas en nosotros. Lo que nunca pudimos expresar, hacer o decir de niños lo hacemos o decimos de adultos. Lo trágico es que descargamos nuestras frustraciones y nuestra rabia en las personas equivocadas y más vulnerables: nuestros hijos y parejas. Así es cómo este patrón sigue generación tras generación. Es urgente tomar conciencia y sanarnos. A mayor represión, mayor explosión emocional.

¿Qué propósito tiene nuestro enfado?

Cuando nos enfadamos, nos desconectamos de nuestro ser esencial y de lo que nos hace sentir bien. Es una señal de alarma que nos dice que alguna necesidad no está siendo satisfecha como es debido. En lugar de reprimir lo que sentimos y enjuiciar o criticar a los demás, lo que podríamos hacer es descubrir qué necesitamos y satisfacer tales necesidades de una forma más constructiva y amorosa, a la vez que podemos incluso utilizar ese gran malestar a nuestro favor para conocernos un poco mejor. Podemos pedirle al otro que nos ayude a satisfacer nuestra necesidad hablando de qué nos pasa y cómo nos sentimos en esos momentos. Solemos comunicarnos desde el juicio, la crítica, la queja y no desde el sentir y nuestras verdaderas necesidades. Es vital no hablar tanto desde el «es que tú...» y hacerlo más desde el «yo me siento..., yo necesito...».

Veamos este ejemplo:

«Es que tú siempre estás con lo tuyo y yo tengo que cargar con todo, eres un egoísta».

En el fondo nos sentimos solas, desbordadas y no tenidas en cuenta, pero, en lugar de explicar cómo nos sentimos y comentar lo que nos pasa de verdad y pedir ayuda, culpamos, criticamos, enjuiciamos y nos quejamos del otro. Esta actitud nos separa aún más emocionalmente hablando.

Las reacciones emocionales automáticas que tenemos hoy conectan con las emociones y necesidades pasadas no satisfechas, ignoradas o negadas..., es decir, se nos actualizan emociones reprimidas. Y, cuando nos enfadamos, lo que nos sale es nuestro niño interior herido, y en realidad son ellos, no los adultos, los que discutimos o nos enfadamos. Dicho de otro modo, surgen nuestras carencias, nuestro vacío emocional y nuestra necesidad de aprobación, de aceptación, de mirada y de amor no satisfechas. Cuando gritamos, criticamos, juzgamos, castigamos o peleamos con nuestros hijos o parejas, no hay un adulto y un niño, sino que suele haber dos niños heridos tratando de satisfacer sus necesidades desesperadamente. Nuestro niño interior herido sigue dominando nuestra vida.

A veces nos cuesta mucho saber identificar qué es lo que sentimos y necesitamos realmente. Recuerdo una conversación que tuve con una amiga. «Siento unas ganas tremendas de pegarle», me aseguró después de una disputa con su hija. Yo le contesté que eso no era un sentimiento y, al cabo de unos segundos, me dijo de nuevo: «Siento ganas de gritar». «Eso tampoco es un sentimiento —le repetí—. Eso es una reacción emocional automática. Tú quieres gritarle y pegarle a tu hija porque te estás sintiendo de algún modo, ¿verdad?». Ella entonces se quedó en silencio unos instantes y finalmente respondió: «Me siento muy, pero que muy impotente y frustrada».

Su impotencia y su frustración la hacían relacionarse de ese modo; esas emociones intensas eran las que la desconectaban de su hija, cuyo comportamiento la estaba conectando con sus heridas pasadas y sus emociones reprimidas. Lo que la descontrolaba y provocaba su reacción emocional automática no era el comportamiento en sí de su hija, sino lo que ese comportamiento despertaba en ella: frustración e impotencia.

El único modo que tenemos para poder entender y honrar los sentimientos de nuestros hijos es honrando y aceptando los nuestros primero. Cuando no podemos conectar con nuestras propias emociones, sentimientos y necesidades somos incapaces de entrar en el mundo emocional de nuestros hijos. Es vital poder conectar primero con las vivencias reales infantiles de los niños que fuimos, para luego poder conectar con la realidad emocional de los niños con los que compartimos nuestra vida.

> Cuando no podemos conectar con nuestras propias emociones, sentimientos y necesidades, somos incapaces de entrar en el mundo emocional de nuestros hijos.

Cuando nos enfadamos es porque escuchamos y prestamos atención a nuestros pensamientos, y a partir de ellos emitimos juicios sobre lo que la otra persona ha hecho o dicho. Entonces nos sentimos mal y nos desconectamos. En realidad, lo que más nos enfada o molesta no es lo que la otra persona diga o haga, sino lo que pensamos sobre eso.

Las necesidades no satisfechas que más nos llevan al enfado son la no aceptación, no sentirnos queridos ni merecedores, la no aprobación, no sentirnos tenidos en cuenta, no sentirnos importantes, no disponer de suficiente tiempo, la necesidad de paz y tranquilidad, la falta de silencio, la falta de conexión con nuestros padres, parejas o hijos, sentirnos solos... En cambio, cuando nuestras necesidades están satisfechas, nuestros sentimientos son agradables y, por tanto, nuestra actitud es armoniosa. Cuando nos sentimos bien, nos comportamos bien. Cuando nos sentimos mal, nos comportamos mal.

Un ejemplo podría ser el siguiente. Imaginemos que una mamá o un papá está sola o solo en casa con sus dos hijos y, cuando llega su pareja tarde por la noche de trabajar, ella o él explota diciendo: «Tú ahí sentado sin hacer nada y yo todo el día aquí sin parar con la casa y los niños...». Esta mujer dice estar enfadada con su marido porque él no la ayuda. Sus pensamientos o juicios quizá sean: «Es un vago, un egoísta, no se preocupa por nosotros, yo no le importo, no me cuida...». No habla de ella misma, ni de cómo se siente, ni de qué necesidad hay detrás de lo que siente, ni tampoco le ha pedido nada al marido. Le podría haber hablado desde el YO de ella misma diciendo, por ejemplo: «Estoy cansada y agotada, te echo mucho de menos, me encantaría poder hablar contigo y que me hicieras un masaje en los pies».

Las mujeres solemos dar por sentado que nuestras parejas saben lo que queremos y necesitamos, incluso sin llegar a decírselo. Para aprender a comunicarnos más desde nuestro verdadero sentir y nuestras necesidades, recomiendo la lectura del libro *La comunicación no violenta*,* de Marshall Rosenberg.

¿Dónde y de quién aprendimos a comunicarnos así?

Sin duda, en nuestra infancia. ¿Cómo se trataban nuestros padres? ¿Qué modelos nos daban? ¿Qué opinión tenía nuestra madre de nuestro padre? ¿Cómo nos han hablado a nosotros de niños?

Solemos actuar, reaccionar, pedir desde la crítica y el juicio, en lugar de hablar de nosotros, de nuestras necesidades y de lo

---

* M. Rosenberg, *La comunicación no violenta,* Buenos Aires, Gran Aldea Editores, 2006.

que nos pasa por dentro, pues pensamos que, si mostramos nuestra vulnerabilidad, nos harán daño. ¿Quién nos hizo daño cuando más vulnerables éramos? La carencia que la mujer del ejemplo anterior tiene y siente ahora no es solo de este preciso momento, sino que arrastra soledad y tristeza antiguas, por lo que el aquí y ahora la hacen revivir experiencias pasadas y provoca que se le actualicen muchas emociones reprimidas. Cuando hablamos y nos comunicamos con los demás, lo hacemos con toda la carga de nuestra historia personal y de asuntos no resueltos. Sin embargo, cuando le hablamos a alguien sobre cómo nos sentimos y qué necesitamos, nuestro interlocutor crea menos resistencias y hay más conexión emocional entre ambos.

Para que todas esas reacciones emocionales automáticas dejen de salirnos sin pensar ni darnos cuenta, lo mejor que podemos hacer es responsabilizarnos de nuestro niño interior. Si nos hacemos cargo de él, dejará de dominar nuestra vida y ya no necesitará seguir pidiendo de forma tan desesperada y desplazada a nuestros hijos y parejas aquello que no tuvo de niño.

Un ejercicio muy potente que propongo en algunos de mis cursos *online* es escribirle una carta. En muchas ocasiones, el niño interior herido sigue dominando nuestra vida a través de todas esas reacciones emocionales automáticas y necesita que alguien le dé voz al fin y esté de su lado.

Tratar a los niños amorosa y respetuosamente nos puede ayudar a sanar viejas heridas. Tratemos a todos los niños de nuestra vida como nos hubiese gustado que nos trataran a nosotros. Sé el adulto que tanto te hubiese gustado tener. Démosles todo el amor, la aceptación, la atención, el respeto, la mirada, la presencia, la

> Tratar a los niños amorosa y respetuosamente nos puede ayudar a sanar viejas heridas.

ternura, la paciencia, la comprensión... que nos faltó y cambiemos el final de la historia de su vida.

¿Cómo podemos sanar las viejas heridas de nuestros hijos?

Primero nombrando la verdad de todo aquello que pasó, lo que les hicimos, les dijimos y les faltó. Luego, disculpándonos y corrigiendo o compensando los errores pasados. También es vital comprender desde qué lugar hemos actuado. Necesitamos comprender que aquello que más nos cuesta ofrecer a nuestros hijos hoy es precisamente lo que más nos faltó siendo niños. Después, simplemente invito a ofrecerles el doble de lo que les faltó en su día: el doble de amor, el doble de atención, mirada, aceptación, respeto, conversaciones, escucha, juego, exclusividad, presencia...

Seamos el cambio que ellos necesitan ver y sentir.

¿Qué daría yo por poder oír a mi madre o a mi padre decirme (incluso ahora) algunas de las palabras o frases que yo les digo a mis hijos hoy? De hecho, también me las digo a mí misma de vez en cuando y, de un modo u otro, me sirve, a mi niña interior le sirve.

Ofrezcámosles otro modelo, el mejor que podamos y esté en nuestras manos, para que, de este modo, puedan criar a sus propios hijos aún mejor de lo que nosotros hemos hecho con ellos y así podamos romper la cadena, de una vez por todas y para siempre. Seamos el cambio que ellos necesitan ver y sentir.

En una sola generación podemos cambiar y mejorar el mundo simplemente amando más y mejor a todos los niños de nuestra vida.

No olvidemos que nuestros padres muy probablemente no obtuvieron de nuestros abuelos lo que legítimamente necesitaban; por tanto, tampoco nos lo pudieron dar a nosotros. Poder romper esta cadena transgeneracional y el aquí y el ahora con nuestros hijos está en nuestras manos en este preciso instante. Nosotros sí podemos elegir hacerlo de otro modo. Nuestra próxima interacción con ellos puede ser más armoniosa y amorosa. Podemos escoger qué haremos con todo eso que nos pasó, con todo lo que nos hicieron y nos faltó, con todas las palabras y frases que aún resuenan en nuestra cabeza. No solo nos afecta lo que vivimos, sino también lo que nuestros hermanos y hermanas tuvieron que vivir mientras nosotros éramos testigos.

El sentimiento de culpa nos desconecta

Llegar a ser la madre o el padre que cada uno de nuestros hijos necesita que seamos no es tarea fácil y, en ocasiones, podemos llegar a sentir culpa si no cumplimos con las expectativas que nos proponemos. Es hora de responsabilizarnos de nuestros actos, tomar nuevas decisiones y ponernos en acción.

Cuando devenimos madres, algo mágico, extraordinario y a la vez muy nuevo nos sucede, tanto física como emocionalmente. Solemos tener la intención y la voluntad de criar a nuestros hijos conscientemente de acuerdo con sus necesidades, pero cada una de nosotras proviene de un lugar distinto, por lo que nuestra capacidad de responder a esas necesidades dependerá en gran medida de nuestra madurez emocional y del grado de amparo o desamparo que tuvimos siendo niñas. Una cosa es lo que nos gustaría poder dar y otra muy distinta lo que verdaderamente podemos y somos capaces de ofrecer a nuestros hijos. Con voluntad e intención no siempre es posible. En ocasiones necesitaremos revisar nuestra propia niñez. Muchas madres y profesionales de la infancia llegan a mis cursos *online* buscando la inspiración y ayuda que necesitan.

Nuestros niños precisan atención, presencia, cuidado y la mirada de mamá y papá. No obstante, una madre necesita estar conectada consigo misma y sentirse feliz, emocionalmente estable y madura, completa y sostenida para poder estar presente y acompañar a sus hijos tal y como ellos requieran. Con todo, las necesidades también desempeñan un papel muy importante a la hora de poder maternar; por ejemplo, hay madres que eligen dejar de trabajar fuera de casa para poder dedicarse plenamente a sus hijos y, sin embargo, les invade una sensación de ahogo al no poder disponer de suficiente tiempo para ellas.

Poder acompañar a nuestros hijos día y noche y, a la vez, satisfacer sus necesidades de lactancia, colecho, juego, mirada, atención, presencia... requiere de un grado de madurez emocional que muy pocas tenemos. Ser conscientes de ello es el primer paso para conseguir hacerlo algún día.

Hay madres trabajadoras que pasan pocas horas al día con sus hijos, pero cuando están con ellos tienen la capacidad de conectar con sus verdaderas necesidades y satisfacerlas. Es evidente que, si estamos conectadas y además pasamos mucho tiempo con ellos, será el paraíso para nuestros hijos, pero no por dedicarles más horas simplemente lograremos una mejor relación y una mayor conexión emocional con ellos.

Podemos disponer del tiempo, las ganas y la economía suficientes para elegir quedarnos en casa al cuidado de los hijos y, sin embargo, no poder sostener dicha demanda emocional. También hay madres que sí podrán conectar y colmar las necesidades tanto básicas como emocionales, motrices e intelectuales de sus hijos, pero sus circunstancias personales las obligan a salir a trabajar o, simplemente, desean seguir con su carrera profesional a la vez que son madres. Es necesario buscar la mejor opción para cada familia e intentar que sea lo más favorable para poder satisfacer las necesidades tanto de los niños como de los adultos.

Y, así, la culpa nos impide establecer esta conexión con ellos, ya que hace que estemos más pendientes de QUÉ es lo que deberíamos estar haciendo o QUÉ es lo que no estamos haciendo lo suficientemente bien. Quedarnos en la culpa y victimizarnos nos impide responsabilizarnos para poder tomar nuevas y diferentes decisiones. Miremos también lo que sí estamos haciendo o hemos logrado en lugar de solamente poner el foco en lo que aún no podemos hacer o no tenemos. Lo que importa verdaderamente es el estado emocional, tanto del niño como de la madre o el adulto en cuestión: una madre feliz, contenta, consciente de sí misma, conectada con su verdadero ser es capaz de ver, escuchar, acompañar y sentir más y mejor a sus hijos.

> **Miremos lo que sí estamos haciendo o hemos logrado, en lugar de poner el foco en lo que aún no podemos hacer o no tenemos.**

La culpa nos aleja de nuestro ser esencial, nos desconecta y nos impide sentir paz, amor y felicidad. La culpa que sentimos por cosas que hemos dicho o hecho no nos deja reconciliarnos con nosotros mismos: nos hace tener eternos diálogos internos, nos quita el sueño, nos hace comportarnos de un modo hostil y poco amoroso con la persona con quien tengamos ese remordimiento o sentimiento de culpa. El pasado no se puede cambiar y el futuro aún no existe, por lo que el único momento que tenemos para vivir y sentir es el ahora. Si usamos el presente para recordar el pasado o para imaginarnos el futuro, nos perderemos el único momento que podemos vivir plenamente, que es el aquí y el ahora con nuestros hijos. Nunca es tarde para mejorar, cambiar, transformar y sanar nuestras relaciones. Todas tenemos esa capacidad una vez tomamos conciencia.

Quizá tenemos más de un hijo y sentimos que después del segundo o el tercero queremos y necesitamos hacer las cosas desde otro lugar, de otra manera más amable, respetuosa y amorosa. Tomamos la decisión de que ya no deseamos seguir los mismos pasos y nos invade esa culpa por no haberlo podido hacer antes. Lo más importante y necesario es aceptarnos tal y como somos realmente y, a partir de aquí, el primer paso para el cambio será la aceptación. Cambiar siempre es posible si primero hay una toma de conciencia, pues los errores del pasado solo requieren de corrección: si hay algo que no podemos cambiar o corregir, siempre lo podremos nombrar, explicar o compensar y, de este modo, sanarlo al disculparnos por ello. En ocasiones, necesitaremos hacer algo para saber que eso es precisamente lo que no queremos ni deseamos repetir. Podemos aprender grandes lecciones de nuestros errores.

No hay nada que sane y conecte más a una madre o a un padre con su hijo que una conversación honesta, sincera y humilde, hablando desde nuestro corazón, sobre todo de aquello que nos hemos dado cuenta de que ya no queremos seguir haciendo del mismo modo. Rectificar y cambiar es uno de los mejores modelos que les podemos dar a nuestros hijos. Nunca es tarde para empezar a ser más amoroso y respetuoso con ellos.

Si te sientes mal por algo que hiciste en el pasado, te invito a abrir tu corazón de par en par y hablarlo con tu hijo, tu pareja, tu madre o la persona en cuestión. Aceptar que ya no pensamos igual, que ya no somos esa misma persona y que hoy elegimos hacer las cosas desde otro lugar, nos humaniza.

La culpa nos desconecta, nos aleja y nos impide sentir paz, amor y felicidad. La culpa que sentimos por cosas que hemos dicho o hecho no nos deja estar en paz con nosotros mismos: nos hace tener esos eternos diálogos internos, nos quita el sueño, nos hace comportarnos de un modo hostil y poco amoroso con la persona con quien tengamos ese remordimiento o sentimiento de culpa. El pasado no se puede cambiar y el futuro aún no existe, por lo que el único momento que tenemos para vivir y sentir es el ahora. Si usamos el presente para recordar el pasado o para imaginarnos el futuro, nos perderemos el único momento que podemos vivir plenamente, que es el aquí y el ahora con nuestros hijos. Nunca es tarde para darnos cuenta de todo lo que necesitamos cambiar y mejorar.

¿De qué manera podemos utilizar las relaciones como oportunidades para aprender, mejorar y sanar?

Nuestras relaciones familiares, de trabajo, de amistad y, sobre todo, de pareja son nuestros más poderosos espejos. Nos dan la oportunidad de ver nuestra propia oscuridad o, como diría Carl Jung: nuestra sombra. Esa es la parte que inconscientemente no reconocemos ni aceptamos de nosotros mismos, que ni queremos ni somos capaces de ver, y, en lugar de ello, lo percibimos y vemos en los demás. Es más fácil mirar hacia fuera que hacia adentro, lo que en la psicoterapia Gestalt llamamos un «mecanismo de defensa», que en este caso sería la proyección. Una proyección es un comportamiento o una actitud que no reconocemos en nosotros, pero que solo podemos ver e identificar en los demás si lo tenemos. Por ejemplo: un amigo percibe a su compañero como egoísta, ya que solo quiere ir a ver la película que él elige y no tiene en cuenta su opinión. En el fondo, él también quiere ir a ver la película de su elección; por tanto, ve su propio egoísmo reflejado en la actitud del otro, pero no en sí mismo.

Traer nuestra sombra a la superficie para poder sanarla no es tarea fácil y requiere de mucha sinceridad y honestidad por nuestra parte: hacernos conscientes de ella es la única forma en que lograremos responsabilizarnos para ponernos en acción. Que no podamos ver en nosotros eso que percibimos en los demás y, sobre todo, aquello que más nos molesta no significa que no esté allí. Si lo podemos ver y sentir en el otro, es porque nosotros también lo tenemos en cierta medida.

Un ejemplo podría ser este: una mujer es muy ordenada, limpia, constante y detallista. En cambio, su marido es olvidadizo, desordenado y lento. Habría que preguntarse por qué eligió un marido así, quizá tenga algo muy importante que aprender de él. Ella se enfada cada vez que ve que no recoge la mesa, que no termina un trabajo o que lo deja a medias para otro día, que se olvida de dónde deja las cosas… En el fondo, esta mujer no se deja ni se permite ser holgazana, despreocupada, despistada o relajada, pues su perfeccionismo y autoexigencia la mantienen en su propia prisión y cada vez que ve a alguien relajado o despreocupado se enfada. Esa actitud, enfadarnos por cómo son los demás, también nos habla de nosotros y nos hace de espejo. La mujer del ejemplo no acepta esa actitud en su marido porque no se la permite ella misma, mientras que él es así con toda tranquilidad. Si fuese algo más relajada y menos perfeccionista, quizá dejara de molestarse tanto con su marido. Su necesidad de control le da seguridad: ser perfeccionistas nos proporciona refugio. También habría que preguntarse dónde aprendió a ser y actuar de este modo. Debería preguntarse, por ejemplo, cómo es su madre, pues las influencias de nuestra infancia pesan mucho. Proyectamos en los demás lo que no reconocemos ni aceptamos como propio y lo que no nos permitimos ser.

> Enfadarnos por cómo son los demás también nos habla de nosotros y nos hace de espejo.

La admiración disfrazada de envidia o crítica también sería otro modo de proyectar en los demás algo propio, y es otro obstáculo para poder relacionarnos desde el amor y la paz.

Podría ser el caso del marido de la mujer perfeccionista. A él le puede molestar que su mujer lo haga todo «tan bien», que sea tan ordenada y detallista, pero en el fondo a él le gustaría ser así, y, al no poder serlo ni aceptar este hecho, le molesta y le enfada la actitud de su esposa. Hay veces que lo que más admiramos de alguien es precisamente lo que más nos puede llegar a molestar. Aceptarnos a nosotros mismos y a los demás es lo que nos llevará al posible cambio de actitud. Cuando queremos que alguien cambie es cuando se empieza a complicar todo. Sin embargo, cuando tratamos de cambiar la forma en la que vemos las cosas o a las personas, estas cambian a su vez, se transforman, y todo a nuestro alrededor comienza a moverse como por arte de magia.

Sin aceptación, no puede haber cambio alguno, y esto solo provoca resistencia. Esta no nos deja ver ni sentir al otro, ni nos permite mejorar como personas o sanar.

Tenemos la oportunidad de hacer las cosas de otra manera. Solemos ver a las personas por su pasado, por lo que hicieron o dijeron, y las seguimos juzgando por ello. No les damos la oportunidad de dejarnos ver su luz, ya que fijamos la mirada en su lado oscuro. Si las tratásemos como si ya fueran como nos gustaría que fuesen, les permitiríamos elegir, cambiar y mejorar. Cuando etiquetamos a alguien, y sobre todo a los niños y a los adolescentes, no les damos la oportunidad de dejarnos ver más allá de esa etiqueta. En el caso de los niños, suelen ser fieles a ella, ya que lo que nombra mamá, papá u otro adulto es la verdad para ellos. ¿Cuántos de nosotros hemos descubierto con gran asombro, ya de mayores, que en realidad sí somos buenos alumnos, sí sabemos tomar

> Esa voz interior la tenemos todos, pero no todos estamos dispuestos o preparados para escucharla.

buenas decisiones, sí somos ordenados y sí sabemos escribir? Esa voz interior la tenemos todos, pero no todos estamos dispuestos o preparados para escucharla. Solo necesitamos tomar la decisión de querer cambiar y ponernos a ello. El cambio vendrá por sí solo al ritmo que necesitemos siempre y cuando tomemos la decisión, nos comprometamos con ella y la pongamos en práctica. Sin acción no hay transformación.

Escuchemos esa voz interior y compartámosla, digamos lo que realmente sentimos sin disfraces, hagamos lo que llevamos años deseando hacer. Hay en todos nosotros una fuerza que nos puede guiar y llevar hacia esa paz interior. Lo único que hace falta es que estemos dispuestos a escucharla y seguirla sin oponer más resistencia.

Solemos tener reacciones emocionales automáticas hostiles y violentas cuando en el fondo lo que estamos pidiendo a gritos es más conexión y más amor.

¿Por qué reaccionamos hostilmente?

Hay varios motivos, y uno podría ser el sentimiento de culpabilidad. La culpa no reconocida puede llegar a destruir nuestras vidas. Revivir el pasado una y otra vez sería otro de los motivos. Nuestro ego y orgullo también nos juegan muy malas pasadas. El ego nos dice cosas que van totalmente en contra de nuestra esencia, la paz, el amor y la felicidad. La clave está en remover, apartar y dejar atrás todo lo que nos obstaculiza el camino: la culpa, las proyecciones, el ego, el orgullo, el rencor, el pasado... Decirlo es fácil y hacerlo es posible, siempre y cuando empecemos a responsabilizarnos de lo nuestro y no nos pasemos la vida culpando a los demás por cosas que nosotros mismos podríamos haber evitado, cambiado o de las que podríamos haber aprendido.

No hay satisfacción mayor que arreglar un problema, un malentendido o una discusión empezando con un «lo siento» y terminando con un «gracias». Cuando damos amor, comprensión, respeto, cariño y aceptación, la vida nos lo devuelve multiplicado.

Muchos de nosotros queremos o quisiéramos ayudar a los demás. Para poder llegar a ayudar a alguien a comprenderse más y mejor e incluso a sanarse, primero tenemos que habernos sanado nosotros o estar en el proceso. Quién mejor te puede ayudar que alguien que pasó por lo mismo y lo superó. Y además está ayudando a otras personas. Y eso no es tarea fácil, ya que debemos reconocer que somos responsables de todo lo que proyectamos sobre los demás.

Muchos nos decimos: pero esto puede llevar una eternidad. Todo depende de cuánto tiempo deseemos aferrarnos a nuestros apegos, ideas, creencias limitantes… Para poder cambiar una actitud, primero necesitaremos deshacernos de la creencia que la alimenta, es decir, cambiar nuestro sistema de pensamiento. Si nuestras creencias siguen siendo las mismas, nuestro comportamiento no podrá cambiar, ya que nos comportamos según lo que creemos y sentimos.

Hay ocasiones en que nos sentimos víctimas por cómo nos tratan los demás: siempre habrá jefes autoritarios, maridos poco sensibles, madres criticonas, padres agresivos, novios ausentes, amigas interesadas, profesores exigentes… En nuestras manos está seguir viéndonos como víctimas o, por el contrario, darle un giro a la situación y empezar a sostener y comprender a los demás. Si nos fijamos bien, veremos que las personas que nos tratan «mal» son víctimas de su propio malestar interno y de su infelicidad, pues alguien feliz no desea ni elige tratar mal ni rechazar a otra persona. Mantenernos en el papel de víctima, en ocasiones,

> Nuestro comportamiento es una representación externa de una condición interna.

no es más que una estrategia (mecanismo de supervivencia) para hacer sentir culpable al otro y continuar en nuestro personaje esperando recibir lo que nunca tuvimos y tan desesperadamente necesitamos aún. Nuestro comportamiento es una representación externa de una condición interna. Si cambiamos la creencia de que somos las víctimas y lo empezamos a ver de este otro modo, podremos empezar a comprender y empatizar más con aquellos que están a nuestro alrededor, y veremos que se empiezan a comportar de una manera muy distinta con nosotros. El amor es lo único que cambia y sana a las personas. No hay fuerza o energía más transformadora que esta. Nadie es inmune a una muestra de amor, pero eso no significa que tengamos que aguantar todo de todo el mundo: es legítimo que decidamos dejar de relacionarnos con alguien si esa es nuestra elección. Lo que me gustaría enfatizar es el hecho de dejar de ser víctimas de nuestras propias creencias y de nuestros viejos patrones. La verdad suele amenazar lo que preferimos creer.

Cuando uno empieza a cambiar la forma en que ve las cosas o a las personas, estas cambian de forma y todo a nuestro alrededor empieza a moverse como por arte de magia.

Solemos tener reacciones emocionales automáticas hostiles y violentas cuando en el fondo lo que estamos pidiendo a gritos es más conexión y más amor.

EJERCICIO

EJERCICIO PARA NOMBRAR LA VERDAD

La próxima vez que te sientas desbordada, triste, incapaz de gestionar alguna situación, te invito a que seas sincera con tu hijo y le cuentes cómo te sientes, qué te pasa y que necesitarías. No culpes a nadie, no te justifiques ni des explicaciones, simplemente nombra la verdad, tu verdad: tu sentir y tus verdaderas necesidades.

También te propongo que nombres cómo crees que debe de sentirse tu hijo al ver que no puedes, no sabes o no tienes herramientas emocionales para comprenderlo y conectar con él en ese momento.

Nota: recuerda que mostrar vulnerabilidad no nos debilita, sino que nos fortalece y nos conecta emocionalmente. Quizá te cueste mucho nombrar qué te pasa en alguna situación, ya que muy probablemente cuando eras niña los adultos, especialmente tu madre, no compartían contigo su sentir, sus necesidades, o quizá te culpaban de su malestar o se justificaban por ello.

EJERCICIO PARA ESTAR MÁS PRESENTES

Te propongo que durante 21 días pases al menos entre 15-30 minutos con tu hijo sin hacer nada más que estar presente. Sin móvil, sin libro... Intenta incluso no pensar en todo lo que tienes por hacer, quédate en el aquí y en el ahora... Haz algo agradable con él, alguna actividad que le guste mucho. Disfruta de ese rato de estar, simplemente estar y permanecer disponible por y para él.

Si te pregunta por qué estás allí, dile que le quieres y que te apetece estar a su lado ese rato y compartirlo con él o con ella. Recuerda darle tu presencia por elección y no por obligación. Estar presente es mucho más que simplemente hacernos compañía. Estar presente es estar en el aquí y el ahora con los cinco sentidos por un rato.

Si aún no habla, busca su mirada y obsérvale. Elige estar presente esos ratos diarios.

Nota: mi propuesta es que hagas este ejercicio durante 21 días seguidos para que puedas integrarlo en tu vida como un hábito diario. Si te cuesta estar mucho tiempo presente, empieza por 5-10 minutos al día de presencia exclusiva y, poco a poco, ve aumentando el tiempo a medida que deje de dolerte estar presente. Ya sabemos que dar lo que no se tuvo cuesta y duele mucho emocionalmente hablando. No obstante, también sana y libera.

Las cuatro raíces de Yvonne Laborda para una crianza consciente

Quiero explicarte cómo llegué a la conclusión de mi propuesta para vivir una crianza consciente bajo los principios y valores de estas cuatro raíces que te ofrezco. Lo primero que debes saber es que son complementarias entre sí. He podido comprobar y confirmar a lo largo de todos estos años como profesional y como madre que son la verdadera base y el origen de todo nuestro bienestar y paz interior, y que gran parte de todos nuestros problemas emocionales provienen de su falta. En realidad, yo las llamaría «las cuatro leyes universales», ya que las vivo como verdades absolutas para todo ser humano. ¿Quién no necesita la presencia de sus padres, que ellos validen nuestras emociones y nuestro sentir, que nosotros nombremos su verdad y que haya intimidad emocional en los hogares?... Mis cuatro raíces son la brújula que nos marca el camino de vuelta al amor, a nuestra verdadera esencia.

Mi gran especialidad es ver, trabajar y sanar la influencia que nuestra infancia ha tenido y sigue teniendo en el padre o la madre en que devenimos. Llevo varias décadas observando y estudiando la psique infantil. Ejercí de profesora de inglés durante quince años antes de ser madre, escritora y terapeuta humanista-holística. He acompañado, guiado, inspirado y ayudado en procesos de terapia e indagación personal a miles de madres, padres, familias e hijos. Y he formado profesionalmente a centenares de docentes, psicólogos, pediatras y demás profesionales del mundo de la infancia.

Personalmente vengo de una infancia y adolescencia con mucho dolor, sufrimiento, soledad y desamparo. Aunar mi propio proceso de superación personal, mi formación y práctica profesional y mi experiencia personal como madre de tres hijos adolescentes, como docente y terapeuta me ha llevado a presentarte estas cuatro raíces para una crianza consciente que nos ayudarán a crear y recuperar el mundo que todos necesitamos. Siempre han estado ahí, yo simplemente las he buscado y encontrado, y ahora las devuelvo y ofrezco para que podamos regresar al origen y recuperar todo lo perdido y olvidado. Estas son las cuatro raíces que están marcando un antes y un después en muchas relaciones entre adultos, niños, adolescentes y jóvenes:

> Necesitamos recibir y dar amor, pues el amor es nuestro ingrediente principal para la supervivencia y el equilibrio emocional.

Raíz 1: dar presencia.
Raíz 2: validar emociones y necesidades.
Raíz 3: nombrar la verdad.
Raíz 4: crear intimidad emocional.

Antes de profundizar en cada una de ellas, me gustaría explicarte y compartir contigo por qué he elegido estas y no otras, y cómo juntándolas y combinándolas podemos mejorar nuestras relaciones afectivas no solamente con nuestros hijos, sino también crear mejores vínculos emocionales entre adultos. Estas cuatro raíces pretenden ayudarnos a amarnos más y mejor y de una forma más auténtica. Estas cuatro raíces están cambiando y mejorando el mundo.

Revisemos qué necesita todo ser humano, legítimamente hablando, desde que nace hasta que muere. Necesitamos recibir y dar amor, pues el amor es nuestro ingrediente principal para la supervivencia y el equilibrio emocional. Sin amor incondicional no podemos vivir en armonía ni sentir paz, pues esta ausencia no nos permite llegar a ser quienes hemos venido a ser, ni nos deja desarrollarnos adecuadamente desde nuestra esencia. Necesitamos sentirnos amados y valorados, y confirmar que merecemos recibir ese amor. Si un niño no se siente amado, empiezan todos los problemas. De esta verdad universal nace la primera raíz: DAR PRESENCIA.

Nuestra presencia, nuestra atención, nuestra dedicación y nuestro tiempo es lo que le confirma al niño que lo amamos, que elegimos estar por y para él, que merece nuestra mirada y atención. Sin embargo, solemos darles nuestra presencia por obligación y no por elección. Los niños saben que los adultos dedicamos nuestro tiempo y atención a aquello que para nosotros es importante, por lo que ofrecerles nuestra presencia les confirma que deseamos estar con ellos, que nos importan, que los amamos y que son merecedores de nuestro amor, que no necesitan «ganárselo». También les confirma que son importantes para nosotros.

Ningún niño pide lo que no necesita, no pide nuestra presencia por elección o para molestarnos, sino porque la necesita para sobrevivir biológicamente y la demandan con desesperación cuando no la están recibiendo. No hay ningún bebé o niño que no necesite de la presencia de su madre u otros adultos. No obstante, somos muchos a los que nos cuesta, nos duele y nos ahoga ofrecerles nuestra presencia. Muy pocos recibimos de niños toda la que necesitábamos de nuestra madre y demás adultos, y esa carencia es la que hoy nos hace tanto daño y nos impide dársela a nuestros propios hijos.

Ofrecer presencia a nuestros hijos requiere parar, estar en el aquí y el ahora, dejarnos sentir, permitirnos amar y dejarnos amar. Cuando hay presencia no necesitamos mencionar ni nombrar el amor, simplemente está y lo sentimos. Nunca está de más decir «te quiero» y «te amo» a un hijo, pero esas palabras por sí solas no les confirman nuestro amor tanto como recibir la presencia de calidad de mamá. Lo verdaderamente importante no es cuánto amamos a nuestros hijos, sino cuán amados se sienten.

La falta de presencia nos hace emocionalmente inseguros, daña nuestra autoestima, nos deja con una sensación de que no importamos, no valemos ni merecemos lo suficiente, y también nos convierte en seres dependientes emocionalmente.

La segunda raíz, VALIDAR EMOCIONES Y NECESIDADES, nace de la exigencia de todo ser de poder sentir legítimamente sin que sus deseos o emociones sean juzgados, interpretados, ignorados o negados. Validar también es amar: cuando validamos una necesidad o una emoción, el niño se siente libre y ya no tiene la sensación de estar equivocado siendo o necesitando eso que su cuerpo manifiesta. Y, sobre todo, es muy importante validar aquellas necesidades que no podemos satisfacer, como la presencia, la motricidad, el juego... Sin embargo, nos cuesta mucho sentir y validar a los niños cuando a nosotras también nos pasan cosas por dentro, pues nuestras emociones no nos permiten sentir las de ellos, nos duelen demasiado. Necesitamos acallar al niño interior o incluso controlar su sentir para dejar de percibir nuestro descontrol. Por eso solemos controlar a los niños, para no descontrolarnos nosotras. No debemos olvidar que actuamos según nuestro sentir y según nuestros pensamientos y creencias.

> Debemos poner el foco más en ellos y menos en nosotros en momentos de malestar.

Validar sería cambiar el foco de qué es lo que los niños nos despiertan, con qué conectamos, qué nos hacen sentir para poder ponernos en su lugar y acompañarlos desde su verdadero sentir y sus necesidades legítimas. Debemos poner el foco más en ellos y menos en nosotros en momentos de malestar, pues nuestras emociones reprimidas nos impiden conectar, sentir y validar las suyas.

La tercera raíz sería NOMBRAR LA VERDAD, para que nuestros hijos sepan que a nosotros también nos pasan cosas emocionalmente, pero que estas nada tienen que ver con ellos, pues se trata de nuestra verdad y nuestro sentir.

Nombrar es vital para poder liberar al niño de aquello que el adulto hace, dice o siente. ¿Cuántas veces nos ponemos nerviosos o nos molesta algo que nuestros hijos hacen? Por ejemplo, en temas de comida, juego, motricidad, orden... Nombrar qué nos pasa, qué necesitamos o cómo nos sentimos nos conectará y nos ayudará a comprendernos más y mejor, y revisar los pensamientos que más nos hacen enfadar o explotar es vital, pues no son la verdad, sino lo que interpretamos como verdad. Nombrar es tener al otro en cuenta, nombrar también es amar. Nombrando la verdad nos responsabilizamos de nuestras emociones y actos. De modo que nuestros hijos nunca serán responsables de aquello que nos pasa a nosotros y de lo que les hacemos o decimos.

Por último, deseo explicarte cómo llegué a la cuarta y última raíz: fue como resultado de las tres anteriores. La combinación de dar presencia, más validar emociones y necesidades, junto con nombrar la verdad de aquello que nos pasa a nosotros, nos aporta una gran intimidad emocional. Para que podamos

> Cuando vivimos teniendo en cuenta estas cuatro raíces empezamos a ver y sentir de un modo diferente.

confiar, sentirnos seguros, compartir y expresarnos abiertamente necesitaremos de un ambiente lo bastante seguro e íntimo. Crear un ambiente donde haya INTIMIDAD EMOCIONAL será vital para que nuestros hijos se sientan con la tranquilidad y la seguridad suficientes para poder ser ellos mismos y explicarnos lo que les preocupa en caso de necesidad. En la adolescencia es cuando más veremos los beneficios de esta cuarta raíz, haber creado intimidad emocional en casa, pues los empodera y les da permiso para ser quienes realmente son.

Estas cuatro raíces nos recuerdan de dónde venimos y nos llevan de vuelta a nuestra infancia, y mi mensaje simplemente nos despierta un saber y un sentir olvidado, negado, reprimido y anestesiado. Cuando vivimos teniendo en cuenta estas cuatro raíces, empezamos a ver y sentir de un modo completamente diferente y nuestras relaciones mejoran de forma mágica, pues estamos dando y recibiendo lo que legítimamente necesitamos como seres humanos.

No se trata de que estemos o no de acuerdo con ellas. Se trata simplemente de conectar con nuestro verdadero ser y, entonces, nuestro cuerpo nos confirmará que vamos por el buen camino y la relación con nuestros hijos pondrá de manifiesto toda esta verdad. No se trata de defender una idea, sino más bien de compartir un mensaje que me fue revelado desde la fuente original. Es como si alguien nos ofreciera agua al vernos sedientos, cansados y agotados, y luego nosotros pensáramos: «¡Ah, era sed!». En este caso, no pensamos si estamos de acuerdo o no con quien nos ofrece agua para que nos sintamos mejor y nos recuperemos, ¿verdad? Esa persona simplemente nos recuerda que esa sensación que teníamos era sed y que nos estábamos deshidratando. Es lo mismo que ocurre con estas cuatro raíces al criar a nuestros hijos: en ocasiones nos «desenamoramos», nos alejamos de nuestra verdadera biología, de nuestro diseño humano original. Las cuatro raíces son una propuesta práctica y sencilla para ayudarnos a recuperar, recordar y reconectar con nuestra verdadera esencia. Cuanto más cuidemos, practiquemos y tengamos en cuenta cada una de ellas, tanto más se verá en nuestras relaciones y en nuestro vínculo afectivo con nosotros mismos y con nuestros hijos: su bienestar se verá reflejado en todo su ser, en su sentir y también en su comportamiento.

PRESENCIA: la importancia de nuestra presencia, mirada y atención

Estar presentes con nuestros hijos y tener una buena conexión emocional con ellos puede parecer fácil en un principio. No obstante, muchos de los problemas y conflictos que vivimos con ellos son consecuencia de esa falta de conexión y presencia.

¿Qué entendemos por estar conectados y presentes?

Que nuestros hijos sepan que estamos aquí por y para ellos, y que pueden ser ellos mismos sin miedo a ser juzgados, que sepan que estamos de su lado, que quieran y les apetezca compartir algunas de sus experiencias con nosotros. Y que a su vez nosotros compartamos algunas de nuestras intimidades o preocupaciones y alegrías con ellos, seamos absolutamente sinceros al comunicarnos y fomentemos la intimidad emocional con nuestro ejemplo. Que nos respetemos los unos a los otros, que tengamos en cuenta los sentimientos y necesidades de todos, que puedan hablar sin que les interrumpamos, les critiquemos ni les juzguemos, que sepan y quieran escucharnos, que nos interesemos por lo que es importante para ellos, que respetemos sus ritmos, entendamos y aceptemos sus necesidades, aun cuando no podamos satisfacerlas, que validemos sus sentimientos y emociones, que pasemos más tiempo de calidad con ellos, que les leamos ese libro una y otra vez, que respondamos a sus preguntas con entusiasmo, que veamos con ellos su película favorita por tercera vez, que les cocinemos su plato favorito con amor, que no estemos pensando en nuestras cosas mientras estamos con ellos...

Podría seguir y seguir escribiendo sobre qué significa estar conectados y presentes con nuestros hijos. Lo más importante, en mi opinión, es que se sientan libres de nuestros juicios y expectativas para poder llegar a ser las personas que han venido a ser y que la relación con sus padres sea lo más pacífica, amorosa, respetuosa y sincera posible. Cuando alguien se siente realmente seguro y aceptado en presencia de otro ser es cuando puede ser realmente él. En el momento en que se produce la conexión, no hay resistencias ni miedo ni juicios, y sin resistencias hay honestidad, transparencia y humildad. Para mí, estar conectada con mis hijos es anteponer la relación con ellos a todo lo demás. ¿De qué me vale que hagan algo que yo quiero o necesito si hay enfado, crítica, decepción o malestar? Para mí es más importante cómo nos relacionamos y cómo nos sentimos que lo que hacemos o dejamos de hacer.

¿Y sabéis cuál es el regalo inesperado (efecto secundario) cuando anteponemos las relaciones armoniosas y pacíficas? Precisamente lo que pensamos que conseguiremos con amenazas, órdenes, gritos, castigos o premios. Lo que logramos cuando estamos conectados y presentes es una mayor cooperación por su parte. A mayor conexión, mayor cooperación, ya que se sienten más aceptados, más queridos y más tenidos en cuenta. Ya no hay lugar para tanta resistencia ni malestar, ya que pueden empatizar con nuestras necesidades. Su mayor y principal necesidad es estar con nosotros y que nosotros estemos presentes con ellos.

Pocos padres somos realmente conscientes de la importancia de estar conectados emocionalmente con nuestros hijos hasta que perdemos esa conexión y nos damos cuenta y reconocemos que algo falla, que algo no marcha bien entre ellos y nosotros. ¿Cómo nos damos cuenta? La mayoría de las veces somos conscientes de ello por cómo se comportan con nosotros o con los demás. Cuando no nos guste algún comportamiento de nuestros hijos, lo primero que podemos hacer es mirarnos a nosotros mismos por dentro y ver qué podemos cambiar o mejorar nosotros y desde ahí empezar a dar; cuando lo hacemos, todo cambia. Una consecuencia de dicha pérdida de conexión es la falta de comunicación y de cooperación por parte de nuestros hijos a la hora de empatizar con nuestras necesidades y las de los demás.

> **Cuando no nos guste algún comportamiento de nuestros hijos, lo primero que podemos hacer es mirarnos a nosotros mismos.**

Uno no puede estar pendiente de los demás si no se siente bien. Un niño desconectado de sus padres siente cierto malestar, y eso hace que tenga reacciones emocionales automáticas no deseadas. He podido comprobar que, cuanta más conexión, mayor y mejor comunicación y cooperación.

¿Qué podemos hacer para conectarnos más y mejor con nuestros hijos?

En primer lugar, permitirnos conectar con nuestros verdaderos sentimientos, emociones y necesidades para luego poder hacerlo con las de nuestros hijos y demás personas. Si no podemos ni sabemos conectar con nuestro ser más profundo e íntimo, nos va a ser mucho más difícil, por no decir imposible, hacerlo con el de otra persona. Dar presencia a nuestros hijos nos será mucho más difícil si de niños no la obtuvimos de nuestros padres, pues nadie puede ofrecer lo que no tiene, a menos que primero tome conciencia de aquello que le faltó.

Una vez identificadas nuestras emociones y necesidades verdaderas, estar presente, complacer a nuestros hijos y validar sus emociones y sentimientos nos será mucho más fácil y natural. No olvidemos que nosotros, los adultos, también necesitamos sentirnos «bien» para poder conectar y, para ello, primero necesitamos poder estar en contacto con nosotros mismos. Cuando una persona es capaz de conectar consigo misma a la vez que con el otro, a eso se le llama fusión emocional.

Conectar es poder entrar en el ser del otro sin invadir, sin juicio, sin intenciones..., simplemente compartiendo el momento presente por el mero hecho de compartir. Sea un juego, un paseo, una siesta, una comida, una conversación, una mirada, una caricia o un simple beso.

Hay madres o padres que no pueden o no «saben» cómo conectar con alguno de sus hijos debido a algún comportamiento que no les gusta, les molesta o no puede sostener emocionalmente hablando. Se produce un «rechazo» consciente hacia ese comportamiento e inconsciente hacia el niño, que, cuando se siente rechazado, no aceptado o criticado por sus padres, se desconecta emocionalmente de ellos como mecanismo de defensa para dejar de sentir lo que sus padres están sintiendo por él. La fusión emocional se pierde, y, por tanto, se produce la desconexión. Para que un niño pueda volver a conectar con nosotros es necesaria mucha confianza, pues tiene que saber que sus padres le quieren y aceptan tal y como realmente es, lo que no significa que su comportamiento sea siempre el adecuado. Hay una gran diferencia entre el SER y el HACER, pero muchas veces mezclamos los términos o los confundimos: podemos hacer algo «mal», pero eso no nos convierte en «malas» personas, por eso es muy importante diferenciar lo que un niño HACE de lo que ES, su verdadero ser esencial de su comportamiento. No somos lo que hacemos, sino que lo que hacemos, el modo en que nos comportamos, es debido a muchos factores, y el primero de ellos es cómo nos sentimos.

Cuando alguna de nuestras necesidades no está siendo satisfecha o cuando no nos sentimos aceptados ni suficientemente amados, valorados, respetados, escuchados o tenidos en cuenta es cuando solemos tener reacciones emocionales automáticas «negativas» como respuesta a nuestro estado de ánimo. Este es alterable y cambiante, y, por tanto, nuestra actitud también. Pero nuestro ser esencial es SIEMPRE el mismo, nuestra esencia es única. La mejor forma de que un niño deje de comportarse de un modo molesto y lo haga de manera armoniosa es ayudándole a sentirse mejor. No es el comportamiento lo que deberíamos querer cambiar, sino cómo se siente el niño, e intentar descubrir qué necesidad no está siendo satisfecha o cuál es la verdadera causa de su malestar interno para poder hacer algo por y para él con el fin de que se sienta mejor. Invito a poner nuestro foco en su sentir y no en su comportamiento.

Regalarles nuestra presencia y prestarles toda nuestra atención en algún momento del día, sin que tengan que pedirla o suplicarla, es el mayor tesoro que podemos darles en momentos de malestar y desconexión. Nuestra presencia sería el antídoto perfecto contra futuros problemas de conducta y emocionales. Es decir, elegir dejar todo lo que tenemos por hacer y simplemente permanecer con ellos por el mero hecho de compartir un rato. ¿Cuántas horas de presencia reales les dedicas a tus hijos al día, a la semana o al mes? Me refiero a estar por y para ellos sin nada más entre manos, sin tareas domésticas, sin móvil o sin estar pensando en lo tuyo, simplemente mirando cómo juegan, por ejemplo. Solemos compartir

> ¿Cuántas horas de presencia reales les dedicas a tus hijos al día, a la semana o al mes?

ratos y tareas, nos hacemos compañía, pero nuestra exclusividad es un bien preciado y una de sus necesidades más básicas. No estamos hablando de estar presentes todo el tiempo, tan solo de que, de vez en cuando, puedan llenarse de mamá; no podemos confundir presencia con simplemente estar, pues dar presencia se lleva a cabo con conciencia: es estar con ellos por elección y no por obligación. Si el niño no la obtiene, su cuerpo lo manifestará, seamos o no conscientes de ello.

Cuando un niño no puede obtener lo que legítimamente necesita de forma reiterada, es muy probable que empiece a pedirlo de forma desplazada. Por ejemplo, cuando piden «mucho» de algo (tele, pantallas, comida, golosinas, juguetes...) puede tratarse de un pedido desplazado por falta de presencia, mirada, atención y amor. Lo que realmente necesita no es la golosina, la galleta o el juguete, sino más mamá, más atención. Por tanto al no poder recibir lo que precisa, pide sucedáneos que le sacian momentáneamente y calman su malestar: pide lo que sabe que le darán. Hay veces que incluso se olvidan y se desconectan de su necesidad más básica y siguen pidiendo y pidiendo sin llegar a satisfacerse nunca. Necesitan llenar ese vacío emocional con lo que sea. Es como una anestesia emocional para dejar de sentir ese dolor.

Muchos adultos piensan que los niños son caprichosos y que tienen rabietas por tonterías, cuando en realidad están pidiendo desplazadamente. Si nombramos «esa» necesidad o ese malestar, podrán reconectarse con ello: «Lo que quizá estás necesitando es que pase más tiempo contigo, disculpa, he estado muy ocupada estos días y más pendiente de lo mío». Cuando negamos su vivencial real infantil, se confunden y se desordenan emocionalmente. Si, por el contrario, satisfacemos el pedido desplazado sin nombrar lo que en realidad está pasando (que le falta mirada y presencia y que se siente solo), el niño aún se confundirá más, ya que supuestamente estará obteniendo lo que pide, pero al no ser lo que de verdad necesita seguirá sintiendo un gran vacío emocional interior: su malestar. Muchos niños llegan a pensar que están equivocados con aquello que sienten y necesitan. Que ellos son el problema. Uno de los mayores dilemas que tienen los niños es que están rodeados de adultos que no les comprenden. Invito a explicarles la VERDAD: «Quizá estos días mamá no te ha prestado tanta atención y papá está fuera y no juega tanto contigo...». Es importante nombrar su carencia, su sentir y sus necesidades en la medida de lo posible: «Te sientes solo, ¿verdad? Y necesitarías que yo pasara más tiempo contigo». No olvidemos que por mucho que neguemos o ignoremos una necesidad, esta no desaparecerá ni dejará de manifestarse. Los niños siempre tienen razón en aquello que sienten y necesitan. Un niño nunca pide aquello que no necesita, somos los adultos quienes no siempre podemos darles lo que necesitan de nosotros. En otras ocasiones somos nosotros quienes no les entendemos.

Los niños se sienten bien en la medida en que haya algún adulto (mamá o papá) que los mire y esté presente. El sentimiento de soledad les produce mucho dolor, y muchos conflictos se originan desde este.

Nuestros hijos necesitan ser amados por quienes ya son y no por lo que esperamos de ellos. Invito a hablarles sobre esos comportamientos que nos molestan o que tienen consecuencias sobre otras personas, pero es muy importante no mezclar lo que el comportamiento nos hace sentir con lo que sentimos por nuestros hijos. No es lo mismo rechazar un comportamiento y ver qué lo causó que rechazar a la persona por comportase de esa forma. Deberíamos evitar decirles «tú eres...» o «es que tú me...». Veamos un ejemplo: «Cariño, esos gritos me molestan (en lugar de "tú me molestas"), no puedo concentrarme (en lugar de "tú me desconcentras") con tanto ruido», o: «Algo dentro de mí hace que me sienta mal cuando hay tantos gritos, ¿podrías intentar hablar sin gritar tan fuerte, por favor?». Fijaos en que hablamos y describimos los hechos, no hay frases que empiecen con «tú eres..., tú haces..., es que tú..., tú me...». En estos ejemplos podemos ver que lo que se comenta es la acción-comportamiento en sí y no a la persona: no hay ningún comentario que desvalorice al niño ni lo critique, ni adjetivos que lo describan, ni por supuesto tampoco hay «etiquetas».

En resumen, para que haya conexión o para recuperarla necesitamos, primero, deshacernos de los juicios, las críticas y las quejas constantes que emitimos sobre nuestros hijos y, luego, estar presentes con ellos, compartir nuestro ser con ellos. Una de las mejores formas para poder conectar con alguien es interesarnos y compartir algo que le gusta o le apasiona, tanto si son animales, juegos físicos, aficiones, *hobbies*, deportes (si no los practicamos, podemos ir a verlos, hablar de ellos o ver fotos), videojuegos, películas, libros, temas concretos o comida favorita (a mis hijos les encanta que de vez en cuando les pregunte qué les apetecería para comer y se lo hago a la carta para cada uno; lo valoran mucho) y, si les gusta coleccionar algo, tenerlo en cuenta y de vez en cuando traerles más de eso, escuchar algún tipo de música... Que vean y sepan que sus intereses, gustos y opiniones son igual de importantes que los nuestros y que los tenemos en cuenta. Sorprenderles de vez en cuando es una forma maravillosa de reconectarnos.

Algo que solemos hacer en casa para seguir conectados con nuestros hijos o para

> Para que haya conexión o para recuperarla necesitamos, primero, deshacernos de los juicios que emitimos sobre nuestros hijos y, luego, estar presentes con ellos.

recuperar la conexión con alguno es pasar tiempo a solas con cada uno de vez en cuando, haciendo algo especial por y para él o ella. Darles exclusividad es una experiencia maravillosa: se sienten especiales, importantes, valiosos y merecedores de amor y atención. Hay veces que simplemente es un rato en su cuarto haciendo algo, mientras los otros dos están con papá, por ejemplo. Otro día salimos toda la mañana a hacer alguna actividad y luego tomamos una infusión y hablamos un buen rato. La dedicación exclusiva es vital y solemos olvidarlo.

Cuando hay ese grado de conexión es maravilloso ver cómo están dispuestos a cooperar cuando los necesitamos de verdad. La clave es siempre el amor: cuando hay amor y paz, las relaciones empiezan a cambiar. Si queremos niños felices y tranquilos, necesitamos adultos pacíficos y amorosos. Os animo a empezar a conectar más y mejor con vuestros hijos, alumnos, parejas, madres, padres, amigos o compañeros de trabajo, con cualquier persona que se cruce en vuestro camino.

Te invito a que estés más presente con tu hijo (por ejemplo, esta misma semana) y se lo expliques, a que le digas que deseas y eliges estar por y para él, ya que crees que lo necesita y tú deseas satisfacerlo. Te propongo que cuando tu hijo esté haciendo algo en un lugar de la casa alejado de ti, vayas a la cocina y le prepares una limonada casera, por ejemplo, o una infusión y se la lleves allí donde esté, junto con unos frutos secos o unos trocitos de zanahoria. Seguro que le sorprendes y lo agradece. Ama a tu hijo y hazle llegar ese amor de un modo u otro.

> Ama a tu hijo y hazle llegar ese amor de un modo u otro.

Regalarles nuestra presencia y prestarles toda nuestra atención sin que tengan que pedirla o suplicarla es el mayor tesoro que podemos darles en momentos de malestar y desconexión. Nuestra presencia sería el antídoto perfecto contra futuros problemas de conducta y emocionales. Darles nuestra presencia debería ser una elección y no una obligación.

VALIDAR: la importancia de validar emociones, sentimientos y necesidades

Validar es aceptar y dar por válido aquello que otra persona siente o necesita, tanto si estamos de acuerdo como si no con su punto de vista, sus emociones, sus necesidades o sus sentimientos. Validar es el arte de poder empatizar con el otro.

Solemos juzgar, criticar e incluso no dar importancia a lo que otras personas piensan, necesitan o sienten si estamos en desacuerdo con ello. Y algunos podemos incluso no expresar nuestro desacuerdo ni dar nuestro punto de vista por miedo a ser rechazados, criticados o juzgados.

Cuando un niño llora, siempre es por un motivo válido desde su punto de vista, desde su vivencia real infantil, sepamos o no dicho motivo, lo comprendamos o no, lo aceptemos o no... Desde la mirada adulta solemos pensar que «eso» no es importante o que quizá el niño reacciona de forma desmedida. Mi gran propósito es precisamente dar voz al niño, tanto al que tenemos en nuestra vida como al que un día todos fuimos. Seguimos juzgando, interpretando, criticando, ignorando y negando las emociones y necesidades de los pequeños que no podemos satisfacer, acompañar o sostener. Nos es más fácil quejarnos de ellos que revisar qué es lo que verdaderamente nos pasa a nosotros con aquello que les pasa a los niños.

¿Cómo podemos saber si «eso» que le pasa al niño es realmente importante o no?

Si a nuestros hijos les afecta y les importa, entonces es importante para ellos y también lo debería ser para nosotros. Puesto que validar es acompañar y estar presente, cuando un niño se siente acompañado también se siente querido, aceptado, respetado, tenido en cuenta, importante y, lo más esencial de todo, se siente seguro y merecedor de amor. Sin seguridad, sin autoestima, sin aceptación, sin amor... ningún ser humano, y aún menos si se trata de un niño, puede ser feliz ni sentirse lleno ni vivir en paz. Que un niño tenga la certeza de que va a ser querido y aceptado, haga lo que haga o sienta lo que sienta y exprese lo que exprese, es vital para que se sienta seguro. Todas las emociones y todos los sentimientos son legítimos, y tener que reprimirlos por miedo a ser juzgados o rechazados solo trae más emociones y sentimientos no deseados, y así el círculo vicioso que se crea nunca podrá romperse.

> Las emociones y los sentimientos están y existen para ser sentidos, no para ser reprimidos.

No confundamos sentir con hacer: podemos sentirlo todo; es más, las emociones y los sentimientos están y existen para ser sentidos, no para ser reprimidos. No obstante, deberíamos poder controlar y/o gestionar nuestras reacciones emocionales automáticas, siempre y cuando haya otras personas en juego. Si necesitamos descargarnos físicamente, podemos salir al campo y gritar, coger un cojín y golpearlo, respirar muy profundamente (tres respiraciones profundas mandan oxígeno renovado y limpio al cerebro y ese oxígeno crea un cambio organísmico en el cuerpo que nos permite ver y percibir las cosas de otra manera), salir en bici o correr, o simplemente pasear... Las emociones reprimidas y las necesidades no satisfechas provocan todas esas reacciones emocionales automáticas. A veces, solamente nombrar cómo nos sentimos y qué necesitamos ya hace que nos sintamos mejor.

Cuando un niño puede expresar la rabia, la frustración e incluso el enfado estando con un adulto que sabe y elige validarlo, le estamos dando esa seguridad tan necesaria e imprescindible que todo ser humano necesita. Si hubiésemos recibido esa seguridad y validación de niños, a día de hoy no tendríamos que estar continuamente intentando controlar y gestionar todos esos «automáticos» que nos salen inconscientemente cada vez que conectamos con algo viejo. Podemos explicarle que tiene derecho a sentirse herido por lo que su hermano le ha dicho o hecho, pero que no puede pegarle ni hacerle daño. Sentir no daña a nadie, lo que lastima son las reacciones emocionales. También podemos darle las herramientas para empoderarlo lo suficiente como para que vea el motivo que hay detrás de la actitud del otro niño. Podemos acompañarle y permitirle expresar ese enfado o rabia, darle un cojín y decirle: «Enséñame cómo te sientes»; o darle un papel y lápices y sugerirle que dibuje lo que siente, y lo mismo con plastilina o alguna masa modelable; también podemos simplemente preguntarle: «¿Qué puedo hacer para que te sientas mejor?», «¿hay algo que le quieras decir o pedir a tu hermano?», y un largo etcétera. De este modo le estamos comunicando que él tiene derecho a sentirse así, pero que no puede reaccionar emocionalmente sobre otro niño (lo hacen porque han visto cómo los adultos hemos reaccionado con ellos). No solemos responsabilizarnos de lo nuestro y lo descargamos sobre ellos o les culpamos de nuestro malestar, y esto es lo que han aprendido a hacer.

Cuando no nos guste el comportamiento de nuestros hijos, podemos revisar qué podríamos cambiar y mejorar nosotros.

¿Qué siente y aprende un niño cuando le decimos...?

«No pasa nada, solo es un rasguño», «no llores por eso, que ya eres mayor», «ya sabes que es tarde y hay que irse, cuántas veces te lo tengo que repetir », «te he dicho que no te lo voy a comprar, no insistas» o «cuántas veces te he dicho que en el coche hay que ponerse el cinturón, no empieces otra vez», y un largo etcétera.

Lo que un niño suele experimentar es frustración, decepción, inseguridad y mucha confusión, ya que lo que él o ella está sintiendo no es válido ni aceptado por el padre o la madre, que le juzga, critica o niega. Cuando la madre le dice que solo es un rasguño, es como si negara lo que el niño siente, y esto no hace que «eso» que SÍ siente desaparezca, más bien al contrario. Cuando un adulto quiere quitar importancia a la vivencia interna de un niño, lo que precisamente consigue es que se intensifique y que además sienta frustración e impotencia por no ser comprendido ni validado.

Hay muchas formas de validar lo que un niño siente, pero lo importante es entender que aquello que experimenta es legítimo y tiene todo el derecho a sentirlo.

El niño llora más, se enfada más, se decepciona más y se confunde más... Cuando no nos sentimos aceptados, nos sentimos inseguros, y esa inseguridad duele, y si viene de mamá o papá puede dejar huella. El niño experimenta un ligero dolor y la herida le escuece, pero lo que mamá dice es que él no está sintiendo lo que realmente percibe, lo que puede crear mucha confusión en él. Puede pensar: «Me duele y me pica, pero no me debería doler ni picar»; o peor aún: «Yo no debería estar sintiendo lo que siento». Puede llegar a tener la convicción de que él está equivocado sintiendo y expresando lo que necesita. Puede llegar a creer que él es el problema.

Validar, en estos ejemplos, sería algo así: «¿Te duele, te pica, puedo hacer algo para calmarte?», «¿estás triste porque tenemos que irnos y te gustaría quedarte más? A mí también me gustaría, pero es muy tarde y papá estará esperando» o «... es muy tarde, pero mañana u otro día podemos volver». Algo que a muchos niños les gusta y les mantiene conectados a los lugares y personas que les gustan mucho (parques, familiares, casas de amigos...) es poder llevarse algo consigo del lugar, como por ejemplo una piedrecita, unas hojas, un objeto... Hay muchas formas de validar lo que un niño siente, pero lo verdaderamente importante es comprender que aquello que experimenta es legítimo y tiene todo el derecho a sentirlo. Es su vivencia interna y no la nuestra, y él es el único dueño de sus emociones y sentimientos. Toda esta represión emocional durante la infancia y adolescencia es lo que más adelante provoca tantas reacciones emocionales automáticas. Es vital poder sentir nuestras emociones en el momento en que aparecen para luego aprender a gestionarlas y poder soltarlas y no proyectarlas sobre los demás.

Cuando no podemos satisfacer una necesidad básica o darles lo que desean, siempre podemos validarles; de este modo, se sentirán aceptados, ya que legitimamos sus necesidades a pesar de no poder satisfacerlas. No olvidemos que no es lo mismo una necesidad que un deseo. «¿Te gustaría ir sin atar, te molesta el cinturón, ¿verdad?», «a mí también me gustaría no tener que llevar el cinturón, pero por seguridad y por ley tenemos que llevarlo». No es lo mismo tener a mamá de nuestro lado y saber que nos entiende que tenerla en contra criticando, juzgándonos y quejándose. Cuando un niño siente que su madre o demás adultos le entienden, le comprenden, lo aceptan y están para ayudarle... le es más fácil cooperar en las situaciones límite o cuando no hay elección posible, ya que se crea una conexión emocional entre ambos. Cuando queremos negar aquello que sienten o no les dejamos sentirlo es cuando más se rebelan, pues las emociones negadas se intensifican aún más: lo que limitamos lo invitamos. Y pueden llegar a somatizarse en el cuerpo de diferentes formas: fiebres, erupciones, problemas en la piel... Y todo aquello que no pudimos sentir ni expresar de niños se convierte en reacciones emocionales automáticas cuando somos adultos.

¿No os habéis fijado en que a la mayoría de nosotros nos fue «robada» esa seguridad y en que, por ello, nuestra autoestima quedó lastimada? La autoestima es fundamental para la buena toma de decisiones, pues sin ella nos sentimos inseguros y en esas condiciones no podemos tomar las decisiones que quizá nos irían mejor, ya que decidimos desde el miedo, la carencia, la necesidad de aprobación... Las bibliotecas y las librerías están llenas de libros de autoayuda con títulos sobre cómo fomentar la autoestima, cómo ganarla, qué hacer para recuperarla, pero casi no hay literatura sobre qué es lo que NO debemos hacerles a los niños para que no la pierdan nunca o sobre cómo, cuándo y por qué la perdimos. Porque necesitamos cuidar y proteger su autoestima, pues todos nacemos con ella. Eso no vende, ya que compromete a muchos adultos responsables de dicha pérdida (padres, madres, abuelos, profesores...). No se trata de buscar culpables, pero debemos ser conscientes de que somos responsables de cómo tratamos hoy a nuestros hijos y demás niños. Si entendemos y comprendemos cómo se lastimó y perdimos nuestra seguridad, podremos evitar cometer los mismos errores.

Se da por hecho que la autoestima es algo que no tenemos y que hay que fomentar, o que se pierde por arte de magia. Esto no es verdad. Todo ser humano nace con una seguridad absoluta de que va a ser querido y de que sus necesidades primarias, básicas, físicas y emocionales serán satisfechas, pero luego aprende que no siempre es así. Esas cualidades son arrebatadas a los niños a consecuencia de cómo los tratamos, y los seguimos tratando de esta forma por cómo fuimos tratados. Una vez son adultos, se pasan la vida intentando recuperarlas, tal y como estamos haciendo aún nosotros, sus padres. Es el momento de romper esta cadena y la decisión está en nuestras manos aquí y ahora.

> Se da por hecho que la autoestima es algo que no tenemos y que hay que fomentar, o que se pierde por arte de magia.

Cuando otro adulto nos cuestiona, nos juzga, nos pregunta... también es por un motivo válido, aunque nos sintamos mal con su actitud. Cuando alguien juzga o cuestiona algo de alguien, la mayoría de las veces es por falta de información, inseguridad o por miedo a poner en juego sus propias creencias. Y quien necesita justificarse, defenderse y explicarse también lo hace por los mismos motivos. Todo este proceso suele ser a un nivel inconsciente, como un mecanismo de defensa: para poder sentirnos «importantes», aceptados y queridos necesitamos que los demás nos den la razón, o por lo menos que acepten nuestro punto de vista y, si no es así, nos sentimos mal. Y cuando esto ocurre, por norma general, actuamos mal. ¿Por qué? ¿Con qué sensación, ya familiar y conocida, conectamos en ese momento?

Validar lo que ese adulto siente también nos libera de su carga emocional sobre nuestra persona. Decir: «Veo que no pensamos lo mismo», «entiendo y acepto que no estés de acuerdo conmigo/nosotros, no obstante yo deseo, elijo hacer..., voy a decir..., necesito ir a...», «es muy difícil ponerse de acuerdo cuando dos personas piensan de forma tan distinta,

¿verdad? Quizá mejor dejarlo tal y como está...», «entiendo que para ti tiene que ser muy difícil aceptar que yo necesite...». Podríamos decir muchas cosas, depende de cada momento y de cada persona. Cuando no juzgamos ni criticamos al otro (aun cuando el otro sí lo hace), ni queremos tener la razón, sino que simplemente validamos y aceptamos lo que la otra persona piensa y siente, y somos honestos con lo que pensamos y sentimos, la energía entre ambos cambia. Y ese cambio hace que el otro se afloje y deje de tener tanta necesidad de ponerse a la defensiva, su enfado se diluye y todo su cuerpo empieza a sentirse diferente, mejor, se relaja, ya no siente ninguna amenaza, puede ser él mismo sin recibir juicios, criticas o quejas. Cuando nos sentimos mejor (bien), actuamos también de mejor forma. ¿Por qué? Porque ya no experimentamos miedo ni inseguridad, ni nos sentimos atacados ni juzgados, sino aceptados, tenidos en cuenta, seguros de poder ser nosotros mismos aun estando con alguien que no piensa igual. Nuestro «niño interior herido» ya no desconfía de esa persona y, por tanto, se relaja. Lo que todos necesitamos desesperadamente es conexión y amor con las personas que nos rodean.

> Lo que más «roba» la autoestima de las personas es el hecho de no poder ser ellas mismas por miedo a que las rechacen, no las acepten o no las quieran.

Lo que más «roba» y lastima la autoestima y la seguridad de las personas es el hecho de no poder ser ellas mismas por miedo a que las rechacen, no las acepten o no las quieran. Y esto nos suele suceder durante nuestra infancia. ¿Dónde aprendimos eso y de quién? ¿Quién no nos aceptaba tal y como éramos? ¿Quién nos avergonzaba, humillaba o criticaba? ¿Quién quería que fuéramos diferentes?

Dependiendo de la manera en que tratamos a los demás, podemos sacar lo mejor o lo peor que hay en ellos. Tenemos que responsabilizarnos de nuestra parte y no culpar siempre al otro de nuestros estados de ánimo. Sabiendo lo que ahora sabemos, podemos intentar verlo de este otro modo y, poco a poco, seguro que seremos capaces de relacionarnos de diferente manera, más amorosa y pacífica. Alguien puede despertar algo en nosotros, pero nosotros podemos elegir qué hacemos con eso que estamos sintiendo. En lugar de reaccionar emocionalmente podemos poner palabras a nuestros sentimientos, emociones y necesidades y compartirlas con la otra persona:

«Cuando no aceptas mi punto de vista o mis decisiones me entristezco porque no me siento tenida en cuenta ni querida, necesitaría que...». Quizá al principio nos cueste hacerlo por falta de modelos en nuestra infancia (y en la sociedad en general), pero, con el tiempo, seguro que podremos mejorar las relaciones con nuestros seres queridos simplemente hablando sobre qué sentimos y qué necesitamos, y ellos nos lo agradecerán. De esta forma también podremos darles a nuestros hijos el modelo que ellos necesitan para romper con esta cadena de una vez por todas.

Todos, absolutamente todos, necesitamos sentirnos queridos, aceptados y tenidos en cuenta, y casi siempre actuamos desde esa necesidad o carencia. Intentemos estar bien empoderados para poder recordar esto precisamente cuando alguien nos haga sentir «mal» y preguntémonos: «¿Qué hay detrás de su necesidad de tratarnos así?». «¿Qué estará pidiendo a gritos? ¿Qué puede estar necesitando justo en este instante? ¿Cómo me siento yo con esto ahora mismo?» A veces vislumbraremos una gran necesidad de amor y conexión, y que esa carencia daña a quien se relaciona con esa persona. Es una llamada de auxilio, en realidad.

Validar es el arte de poder empatizar y comprender lo que otra persona siente o necesita.

NOMBRAR: la importancia de nombrar la verdad de los hechos y lo que realmente sentimos

Muchas veces les decimos cosas a nuestros hijos que están muy alejadas de su vivencia real infantil y de su realidad emocional. Por poner un ejemplo, imaginemos esta situación: un niño está aburrido, se siente cansado y tiene hambre. En un momento dado empieza a molestar a sus dos hermanas interrumpiendo su juego. La madre, que está preparando la cena, dice en voz alta: «Ya está bien, Luis, otra vez, siempre igual... ¿Es que no puedes dejar de molestar a tus hermanas ni un solo día?... Tranquilízate o vete a tu cuarto un rato». En este caso, nadie nombra lo que realmente le pasa a Luis (que está aburrido, que se siente solo, que tiene mucha hambre y que está agotado). Lo que sí decimos es que es un pesado y le retiramos nuestra aprobación y presencia y, por consiguiente, nuestro amor incondicional, que en este caso está condicionado por su comportamiento.

Podríamos decir que el amor, la aceptación, la mirada o la presencia que Luis recibe de su madre están condicionados por cómo se comporta. Él traduce: «No sé qué me pasa, pero hay algo que no está bien en mí y mi mamá no me quiere ni me acepta cuando me "porto mal"». Portarse bien se podría traducir por: «Hacer lo que el adulto quiere que hagamos, cuando él quiere, de la forma que quiere, sin tener mis necesidades ni mis emociones en cuenta». En este ejemplo, lo que se nombra desde la mirada y la vivencia de la mamá no tiene nada que ver con la vivencia emocional de Luis. Su madre piensa que Luis es un pesado y él se siente solo y rechazado. Nadie le ha puesto palabras a lo que realmente le ocurre al niño, ni parece que su madre esté dispuesta a ayudarle. A Luis le pasa algo, pero ese algo es nombrado desde la interpretación y el juicio de su madre, y estas, en muchas ocasiones, no reflejan la realidad emocional de nuestros hijos. La forma en que mamá o papá nos ven y nombran nuestra realidad puede llegar a afectarnos y condicionarnos el resto de nuestras vidas, pues la recibimos como la verdad absoluta y nos la creemos. Y, o bien solemos ser fieles a lo que se nombró, o bien nos rebelamos contra ello. Los niños pueden llegar a registrar e interiorizar más lo que se nombra que lo que realmente sienten, y esto los confunde y desconecta de su ser esencial, de sus necesidades, de sus deseos, de sus pasiones, de sus intereses y de su verdadera esencia.

> Nadie suele nombrar nuestras carencias o necesidades no satisfechas, pero no por ello dejan de existir o de manifestarse.

Queda grabado en su inconsciente, en su psique, y luego de adultos nos sale en forma de reacciones emocionales automáticas. En definitiva, nos desorganizamos psíquicamente. Nadie suele nombrar nuestras carencias o necesidades no satisfechas, pero no por ello dejan de existir o de manifestarse. Muchas personas adultas somos incapaces de nombrar lo que nos pasa ni lo que sentimos debido a la falta de conexión con nuestro auténtico ser.

En el ejemplo anterior, Luis empezó a molestar a sus hermanas porque se sentía mal, y ese malestar provocó la reacción emocional negativa, porque nadie se preocupó de averiguar qué era lo que le pasaba o qué fue lo que lo había provocado. ¿Qué podríamos haber hecho para que el discurso de su madre y la realidad de Luis no fueran tan distintos ni estuvieran tan alejados? Quizá podríamos haberle dicho: «Luis, cariño, veo que estás aburrido y es posible que te sientas solo porque tus hermanas están jugando y yo estoy en la cocina. ¿Te gustaría venir a ayudarme? La próxima vez que te sientas así puedes pedirme que esté contigo. A tus hermanas no les gusta que las empujes». De este modo estamos nombrando lo que realmente le pasa y siente a la vez que le estamos ayudando a gestionarlo mejor.

Habría sido todavía mejor estar presente y detectar lo que pasaba para poder atender a Luis antes de que se sintiera tan mal como para hacerles «algo» a sus hermanas. Cuando nuestros hijos no tienen nuestra presencia o mirada de una forma natural, pueden llegar a provocar que reaccionemos, aunque sea haciendo algo molesto que no «está bien», pues es más importante tener a mamá cerca. Cuando nos sentimos comprendidos y queridos también tenemos la capacidad de empatizar más y mejor con los demás. Somos los adultos quienes deberíamos darles ese modelo.

En ocasiones, puede que no sepamos qué les está pasando o qué están sintiendo o necesitando. Sin embargo, podemos simplemente decir: «Cariño, veo que no te sientes bien, ¿necesitas algo? Quizá no he estado muy pendiente de ti y ahora lo expresas molestando a tu hermana. ¿Qué puedo hacer por ti?». Lo más importante es que sepan que estamos de su lado cuando las cosas no están en armonía, debemos ayudarles y no quejarnos tanto, ni criticarlos ni juzgarlos.

Solemos hacerles a nuestros hijos lo mismo que nos hicieron. Podríamos preguntarnos: «¿Qué tipo de relación quiero tener con mis hijos?». Muy probablemente a la madre del ejemplo también le retiraban el amor, la mirada, la aceptación y la presencia cuando no se comportaba como sus padres esperaban. La mayoría hemos tenido que «ganarnos» todo esto de nuestros padres, abuelos o profesores, y ese es el modelo que inconscientemente ofrecemos a nuestros hijos generación tras generación.

Queremos que nuestros pequeños dejen de tener reacciones emocionales automáticas cuando nosotros, como adultos responsables que deberíamos dar ejemplo, no podemos ni sabemos cómo hacerlo. Les pedimos que sean de un modo que ni nosotros mismos somos capaces de ser. Solemos gritarles, castigarlos, criticarlos, etiquetarlos... cuando nos sentimos frustrados o impotentes por lo que está pasando, ya que solo vemos el comportamiento del niño y no qué lo causó o cómo se siente ni qué necesidad no satisfecha hay detrás. Solo sabemos que nos sentimos molestos y que queremos que pare, se calle o se vaya.

Saber y poder nombrar lo que nos pasa por dentro es de vital importancia si deseamos que ellos también puedan llegar a hacerlo. Cuando nos enfadamos, suele ser porque alguna de nuestras necesidades no está siendo satisfecha y, debido a esto, nos sentimos de un modo que nos hace reaccionar de determinada manera. Si entendemos que, al sentirnos mal, actuamos mal, podremos entender que cuando nuestros sentimientos sean armoniosos, nuestra actitud también lo será. Nadie que se siente feliz necesita comportarse mal ni tiene reacciones emocionales automáticas.

Cuando hacemos todo lo posible para que nuestros hijos se sientan en armonía, en lugar de querer cambiar su comportamiento, nos sentimos en paz también, y la relación entre ambos mejora y es más amorosa y pacífica. El amor transforma y cambia a las personas, tanto a quienes lo reciben como a quienes lo ofrecen.

En conclusión, si les decimos a nuestros hijos cómo nos sentimos nosotros, qué nos pasa de verdad por dentro, qué necesitamos cuando ellos hacen o dicen esto o lo otro y les pedimos amablemente que estén en silencio, orden, tranquilidad, respeto, libertad..., quizá, en alguna ocasión, les será más fácil poder satisfacer nuestra necesidad. Hablar desde nuestras emociones y necesidades nos conecta. Nombrar nuestra verdad es vital para liberarlos de toda responsabilidad cuando nosotros perdemos el control o no les tratamos con suficiente respeto y amabilidad. No obstante, para que podamos nombrar lo que nos pasa, debemos estar conectados con nuestras verdaderas emociones y luego con nuestras necesidades no satisfechas. Si podemos darles este modelo, ellos podrán expresar las suyas luego.

El hecho de poder nombrar lo que realmente sentimos y nos pasa a nosotros es muy liberador desde el punto de vista del niño, ya que le despojamos de lo que es nuestro y dejamos de culparle por lo que sentimos.

> El hecho de poder nombrar lo que realmente sentimos y nos pasa a nosotros es muy liberador.

En realidad, ellos no provocan nuestro enfado. Simplemente son el detonante que hace que conectemos con nuestras necesidades no satisfechas. Yo he llegado a hablar a nuestros tres hijos adolescentes de mi propia infancia en algún momento puntual. Es muy importante que sepan que cuando no nos comportamos respetuosamente con ellos es porque en ese momento no somos capaces ni sabemos hacerlo mejor. Simplemente hemos perdido el control, y ellos no tienen nada que ver con eso.

A muchos de nosotros nos han pegado, gritado, amenazado, criticado, juzgado, rechazado, humillado, ignorado, comparado y castigado. Ese es el modelo que recibimos siendo niños. Cuando nuestros hijos despiertan ese enfado, esa frustración, esa impotencia, ese miedo o esa rabia reprimidos en nuestro interior es cuando explotamos sin pensarlo. Nombrar lo que nos está pasando en ese preciso instante ayuda mucho y nos libera tanto a nosotros como a nuestros hijos.

Por ejemplo: «En este momento, hijo mío, no sé qué me está pasando, pero es como si un volcán estuviera en mi interior y creo que voy a explotar. Voy un momento al balcón, al lavabo, a la habitación... antes de que haga o diga algo que luego pueda lamentar. Enseguida vuelvo, te quiero». Esta actitud no solo nos ayuda a ambos a comprendernos y aceptarnos, sino que además les damos las herramientas necesarias para que ellos también puedan gestionar mejor sus emociones y enfados. Les hacemos de modelo. No obstante, quizá no siempre podamos actuar de esta manera. Es cuestión de tomar conciencia y luego de responsabilizarnos poco a poco, día a día. E incluso nombrar que estamos empezando a hacer cambios en nuestra forma de relacionarnos con ellos, ya que deseamos poder llegar a ser la madre o el padre que ellos tanto necesitan y merecen.

Qué sanador es un: «Cariño, disculpa por haberte gritado, pero es que he perdido el control. Necesitaba tranquilidad y silencio y no he sabido hacerlo mejor, te quiero». Qué distinto hubiese sido para muchos de nosotros haber oído esas palabras cada vez que nuestros padres perdían el control. La verdad es que culpamos a nuestros hijos por lo que les hacemos y por no saber controlarnos. Necesitamos que ellos se controlen para no descontrolarnos. Dicho de otro modo, les controlamos para no descontrolarnos. Me pregunto si no debería ser precisamente al revés, que fuéramos los adultos quienes les mostrásemos cómo poder mantener la paz interior y saber gestionar los conflictos sin ejercer el poder. Podemos romper esas cadenas y empezar a hacerlo de otro modo. Nombrar y poner palabras a lo que nos pasa puede ser un primer gran paso.

> Controlamos para no descontrolarnos.

Solemos decir con mucha facilidad, por ejemplo: «Es que está celoso, es que es un terremoto, no para quieto ni durmiendo, es un pesado, un caprichoso...». Lo que no vemos ni percibimos es que quizá no esté para nada celoso, sino que simplemente necesita estar un poco más con mamá, pero la madre está ocupada con el nuevo bebé y nadie le está poniendo palabras a lo que realmente está pasando, necesitando y siente el niño. Muchas veces nombramos la palabra *celos* y la realidad del niño es otra muy distinta: simplemente carencia de mamá.

Sería muy liberador oír: «Te gustaría estar más con mamá, ¿verdad? Desde que llegó tu hermanita pasamos menos ratos juntos a solas. Cómo lo siento. Ahora, cuando se duerma, me pongo a hacer algo contigo. Solos tú y yo, ¿te parece? ¿Qué te gustaría hacer?». Quizá tampoco sea un terremoto, y lo único que necesite sea poder moverse con más libertad, correr, hacer más ejercicio físico y estar más al aire libre. Al no poder satisfacer su verdadera necesidad motriz, se mueve todo el día en todas partes, pero nadie se da cuenta de eso, ni lo nombra, ni hace algo para solucionarlo. Tener que reprimir el cuerpo cuando este nos pide movimiento es muy complicado, difícil y molesto para un niño. Tampoco es que sea un pesado, simplemente está aburrido y no sabe cómo canalizar ese malestar en su joven cuerpo, y, además, se siente muy solo, ya que nadie sabe nombrarlo ni está dispuesto a ayudarle. No olvidemos que, cuanto peor se comporta un niño, más ayuda, más amor y más paciencia necesitará de nosotros. No obstante, es cuando recibe más gritos, críticas, amenazas y hostilidad. Solo con amor y respeto podemos ayudarle a ser más respetuoso y amoroso. Quizá no sea un caprichoso por el simple hecho de querer o preferir comer esto a aquello, hay veces que el cuerpo nos pide más de esto y menos de aquello.

Lo que solemos hacer es interpretar lo que le sucede al niño desde nuestra mirada, y se nos olvida que su vivencia real infantil puede estar muy alejada de esa interpretación. Otro ejemplo sería y les decimos que se pongan la chaqueta porque hace frío y ellos en realidad no lo sienten así: somos nosotras las que estamos sentadas en el banco quietas, mirándolos mientras sentimos frío, pero ellos están corriendo y jugando. Les negamos incluso lo que su propio cuerpo está sintiendo, necesitando o manifestando.

> A mayor represión, mayor explosión.

Nombrar y poder sentir lo que les ocurre a los niños es darles voz y, cuando lo hacemos, les estamos queriendo, aceptando y respetando tal y como realmente son. Nuestra aceptación y amor incondicional es lo que les da la seguridad psicológica, la autoestima, el valor y el poder que necesitan para poder convertirse en quienes han venido a ser. Sin embargo, ya hemos podido comprobar que es muy difícil dar voz a los niños cuando de pequeños no la tuvimos, así que descargamos sobre nuestros hijos todo aquello que no pudimos descargar sobre nuestros padres y demás adultos siendo niños. A mayor represión, mayor explosión.

Dar voz a los niños en presencia de otros adultos es muy importante cuando no son respetuosos con ellos, se les amenaza o se les pide que hagan o sean como el adulto quiere, desea o necesita. Esto pasa mucho en lugares públicos, en casa de abuelos o familiares, y nos suele costar bastante ponernos del lado del niño, pues en muchas ocasiones nos importa más lo que el adulto piense que lo que nuestro hijo sienta o necesite en ese momento. Es como que seguimos necesitando la aprobación de nuestra madre y demás personas, aun cuando ya somos mayores. Arrastramos ese carencia una generación más.

Imaginemos esta típica situación. La abuela le dice al niño: «Si no te acabas el plato de macarrones, no te doy el postre». Nosotras podríamos dar voz al niño sin necesidad de discutir con el adulto diciendo: «Cariño, no es necesario que te termines el plato si no tienes más hambre». Otro ejemplo: «Si no recoges tus juguetes, te los tiro a la basura». Podríamos decirle al niño: «Cariño, a la abuela le molesta mucho tanto desorden, ¿te parece si recogemos un poco?». Muchos adultos amenazan en vez de simplemente explicar cómo se sienten, qué necesitan y pedirlo.

Dar voz al niño no siempre nos será fácil, pero es importante que sepa que estamos de su lado: le podemos hablar en privado si nos importa más lo que los demás puedan pensar de nosotros. Y no es necesario criticar ni juzgar al adulto en cuestión, sino validar al niño, nombrar la verdad y traducir los hechos y su sentir.

> Hay niños que pueden llegar a enfermar por tener que reprimir sus emociones.

Los niños por sí solos no siempre pueden decirnos lo que les pasa; no obstante, lo manifiestan con su actitud o su malestar interno. Qué maravilloso sería poder acompañarlos y complacerlos la mayor parte del tiempo. Hay niños que pueden llegar a enfermar por tener que reprimir sus emociones.

Como ya he comentado, comprendiendo qué nos pasó de niños, nos será mucho más fácil comprender qué nos pasa hoy de adultos. Aquello que más nos faltó también será lo que más nos cueste y duela poder dar y ofrecer a nuestros hijos. Cuando entendamos mejor parte de nuestro pasado, podremos vivir un presente más consciente y, de este modo, cambiar y mejorar el futuro. ¿Cómo nos gustaría que fueran los padres de nuestros nietos? Porque no olvidemos que eso es en lo que se convertirán nuestros hijos. Mi gran deseo es que en esta generación podamos romper de una vez para siempre con todos estos patrones para poder liberar a todos los niños. En una sola podemos cambiar y mejorar el mundo simplemente amando más y mejor a todos los niños de nuestra vida.

¿Deseas sumarte a este movimiento que he bautizado como crianza consciente? Entonces, empecemos a responsabilizarnos de lo que sentimos y hacemos y dejemos de interpretar, criticar y juzgar tanto a los demás.

Os animo a todos y a todas a empezar a ponerle nombre a lo que sentís, necesitáis y a lo que vuestros hijos sienten y necesitan, para llegar a comprendernos, complacernos, respetarnos, aceptarnos y amarnos más y mejor.

> Nadie suele nombrar nuestras carencias o necesidades no satisfechas, pero no por ello dejan de existir o manifestarse. Hay personas adultas que no podemos ni sabemos nombrar lo que nos pasa ni lo que sentimos debido a la falta de conexión con nuestro verdadero ser esencial.
>
> Para poder nombrar lo que les pasa a los niños, primero debemos conectar con lo que sentimos y, de este modo, liberar a los niños de nuestra carga y no proyectarla sobre ellos. Solemos hacerles a nuestros hijos lo mismo que nos hicieron.

INTIMIDAD EMOCIONAL:
la importancia de la comunicación emocional

Sin intimidad emocional, no hay seguridad ni complicidad para poder compartir aquello que más nos preocupa, necesitamos o nos apasiona. Sin intimidad emocional, los niños deben vivir sus experiencias en soledad. La intimidad emocional es presencia, vínculo, atención, disponibilidad, conversaciones sinceras, compromiso, aceptación, complicidad, ternura, seguridad, escucha, armonía, generosidad, altruismo y mucho amor incondicional. Y es vital para que nuestros hijos puedan contarnos lo que más les preocupa, les asusta, les molesta, les inquieta, les interesa, les apasiona e, incluso, explicarnos aquello que necesitan y no obtienen de nosotros.

> Sin intimidad emocional, los niños deben vivir sus experiencias en soledad.

La peor vivencia para un niño no son las experiencias hostiles a las que pueda estar expuesto (gritos, peleas, abusos, maltrato, falta de respeto, miedo...), sino la soledad con la que tiene que enfrentarlas por falta de intimidad emocional en su hogar y especialmente con mamá, pues esta carencia le deja vulnerable, solo e inseguro ante esas experiencias. Si no hay intimidad emocional, un niño no podrá sentirse lo suficientemente seguro y protegido como para poder buscar refugio en nosotros.

Si no nos lo cuentan o no lo comparten es porque no hay un ambiente lo bastante seguro y amoroso para ello, y los responsables de crear ese ambiente somos los adultos.

Un niño necesita y debería tener voz, y esa voz debería ser escuchada. Para ellos es de vital importancia tenerla en casa primero para luego poder sentirse seguros de expresarla fuera. Por ejemplo, muchos abusos sexuales y malos tratos se viven en silencio y en absoluta soledad precisamente por falta de intimidad emocional. El niño o la niña no tiene a quien poder acudir, nadie de confianza suficiente, ya que no encuentra escucha activa ni comprensión ni empatía, por lo que es vital que tengan la confianza absoluta de que estamos por y para ellos y de que siempre será así, pase lo que pase. Para que se dé este ambiente de intimidad emocional en casa es vital que sea un lugar libre de juicios, críticas, quejas... Muchos niños no explican ni comparten con sus padres vivencias realmente difíciles, hostiles y abusivas porque creen que merecen tenerlas o temen que les riñan, los juzguen, los critiquen, no les crean o no los acepten. Se sienten culpables y responsables cuando en realidad son víctimas.

Junto con la conexión emocional, la comunicación empática y conectiva y la presencia, la intimidad emocional es esencial para poder crear un ambiente suficientemente íntimo y seguro con el fin de que cada miembro de la familia pueda expresar sus sentimientos y necesidades, sus problemas, inquietudes, dificultades, dudas, miedos, inseguridades, sueños, retos, pasiones e incluso su felicidad.

Mamá y papá somos quienes podemos empezar a crear y alimentar esa intimidad emocional expresando y compartiendo nuestro sentir desde quienes verdaderamente somos. Sin embargo, pocos padres hablan de sus asuntos personales con sus hijos, y bien es verdad que estos no necesitan saber los detalles de nuestras preocupaciones, pero sí les compete estar al corriente de cómo nos sentimos con respecto a lo que nos afecta. Solemos mantener a los niños al margen de casi todo, muchos viven vidas paralelas a las de sus padres, y esa actitud nos aleja emocionalmente y nos distancia de ellos. Recuperar esa distancia puede ser muy difícil en ocasiones, una vez establecida.

No obstante, queremos que nos cuenten cómo les ha ido el día en el cole, qué han hecho en casa de los abuelos, con quiénes han salido el sábado por la noche y dónde han ido, o sus planes, y para obtener esa información les interrogamos con una larga lista de preguntas directas. Pensamos que así estamos conectando o nos estamos comunicando, pero la vivencia real de nuestros hijos suele ser muy distinta: a los niños, adolescentes y jóvenes no les gusta responder a un interrogatorio; lo que desean y necesitan es poder acudir a nosotros en caso de necesidad, saber que estamos disponibles, que nos importan y que los amamos y aceptamos tal y como verdaderamente son. Cuando los adultos podamos compartir nuestra intimidad y nuestro sentir con los niños de nuestra vida, ellos se sentirán libres y seguros para hacer lo mismo con nosotros.

> Lo que desean y necesitan es poder acudir a nosotros en caso de necesidad.

7 PASOS PARA CREAR INTIMIDAD EMOCIONAL EN CASA

PASO 1: hablar desde el yo
Podemos empezar por explicar qué nos pasa, cómo nos sentimos y qué necesitamos. Nuestra pareja y nuestros

hijos precisan y merecen saber quién somos en realidad, y compartir con ellos algunas de nuestras inquietudes y alegrías no solo les compete, sino que nos une emocionalmente. Pensamos que, si mostramos nuestra vulnerabilidad, los demás se aprovecharán de nosotros, y esta creencia limitante nos impide mostrar nuestro verdadero yo. Sin embargo, mostrarla nos fortalece, ya que nos libera, nos sana y permite al otro poder mostrar la suya también sin tanto miedo o prejuicios.

Cuando expresamos nuestros verdaderos sentimientos y nos mostramos tal y como verdaderamente somos, les damos permiso a los demás para mostrarse ellos también. Nuestros hijos necesitan saber que mamá y papá comparten parte de su intimidad con ellos. Cuando les involucramos en lo nuestro, ellos nos involucran más fácilmente en lo suyo. Pensamos que los adultos tenemos el derecho a saber todo sobre los niños, pero que ellos no tienen por qué saber nada de nosotros ni de la economía familiar, por ejemplo, ni de los conflictos de pareja, las diferencias con la cuñada, el cáncer de la abuela o las dudas con la elección del cole. Las decisiones familiares y sobre su bienestar les competen a su nivel, así que deberían estar al corriente de lo que pasa a su alrededor en función de su edad (se lo explicaremos de un modo u otro), pero saber qué ocurre en casa es legítimo. No es necesario explicar los detalles

> Cuando les involucramos en lo nuestro, ellos nos involucran en lo suyo.

sobre nuestros problemas, pero sí necesitan y merecen saber que estamos preocupados por el dinero o la relación con papá o la enfermedad de la abuela...

PASO 2: hablarles de nuestra vida antes de su llegada
Muy pocos niños tienen conocimiento de las vidas de sus padres antes de que nacieran. Algunos saben cómo se conocieron sus padres y cuándo se casaron y poco más, y otros ni eso. Me sorprendo frecuentemente cuando muchos adultos a los que acompaño profesionalmente no saben casi nada de las vidas de sus padres antes de su llegada, y en mi época de profesora también pude constatar lo mismo. ¿Por qué no les hablamos a nuestros hijos sobre nosotros, de nuestro pasado o de cuando éramos niños? Quizá pienses que esos años no tienen interés para ellos o incluso que haya experiencias o anécdotas que no quieras explicar por vergüenza, pena o culpa. No obstante, nuestros hijos tienen derecho a la verdad, y, sobre todo, si esa verdad les afecta de un modo u otro. ¿Cómo puede haber intimidad emocional en casa si nuestros hijos no conocen casi nada de nosotros? No es necesario que lo sepan todo de nosotros, pero sería maravilloso que supieran más de lo que muchos saben.

A los niños les encanta saber cosas de cuando papá o mamá tenían su edad, sobre su época de estudios, sus amoríos, su infancia, su menstruación, su primera vez... ¿Qué pasa si venimos de una infancia difícil? Pues que, en ocasiones, si no fue como nos hubiese gustado, la escondemos, la negamos e incluso llegamos a mentir consciente o inconscientemente sobre ella. Lo que nos pasó es nuestra verdad, y esta no es buena ni mala, simplemente es la que es. Entonces, ¿por qué esconderla, rechazarla o negarla?: Recuerda que solemos perpetuar precisamente aquello que más negamos y reprimimos. Compartir nuestra historia de vida, o al menos parte de ella, nos puede ayudar a comprendernos mejor los unos a los otros.

En muchas familias hay mentiras, secretos, silencios, tabúes y experiencias misteriosas que al ser silenciados se van pasando de generación en generación creando mucha confusión, desorden y caos. También, en muchas familias, suele haber mucha tergiversación de la realidad, muchas interpretaciones falsas y mucho discurso engañado.

Pensamos que los niños no pueden entender según qué cosas, y la verdad es que quienes no entendemos cómo es la verdadera naturaleza humana somos los adultos. He visto niños muy conectados con sus padres, entre los que hay mucha intimidad emocional y sinceridad, precisamente porque todos están al corriente de todo y no hay mentiras ni caos ni desorden.

Muchas de nuestras actitudes y creencias tienen que ver con el trato que recibimos de niños y la falta de intimidad emocional y afectiva que tuvimos. Si nuestros hijos supieran que podemos dar y amar en la medida en que uno fue amado y complacido, entenderían mejor que llegar a ser la mamá y el papá que ellos necesitan no es una simple elección, sino un camino que requiere de una gran toma de conciencia, de un trabajo personal constante y, por último, de la toma de nuevas decisiones y acciones conscientes.

Nuestros hijos necesitan mamás y papás capaces de cuestionarse cosas de su propia historia personal para poder conocerse más y mejor, y así ver qué influencia pudo tener su infancia en la forma de ver y sentir a sus hijos para poder comprender mejor qué es aquello que les impide ser y actuar como desearían.

> **Nuestros hijos necesitan mamás y papás capaces de cuestionarse cosas de su propia historia personal.**

PASO 3: aceptar a los demás desde el lugar donde se encuentran

En muchas familias se suele criticar o juzgar a las personas que no son ni actúan como ellos, y eso hace que nuestros hijos vean que en casa solo se aceptan ciertos principios, algunos valores y formas de ser o vivir la vida que introyectan algunas creencias limitantes que les imposibilitarán ser quienes han venido a ser por miedo a que sus padres los rechacen, los critiquen o los juzguen si no se comportan y piensan de una manera determinada. Quizá no lleguen a desconectarse del todo de su verdadero ser esencial, pero es posible que no quieran compartir con nosotros sus experiencias, ideas, opiniones o pasiones por miedo a ser rechazados o juzgados.

He visto a muchos adolescentes mentir a sus padres para ser aceptados sobre muchos aspectos de su vida por falta de intimidad emocional, por miedo y para evitar críticas y juicios. Si alguna vez nuestros hijos se ven con la necesidad de llegar a mentirnos, deberíamos preguntarnos: «¿Qué responsabilidad tengo en que mi hijo no confíe lo suficiente en mí para contarme la verdad? ¿Qué necesita evitar con la mentira? ¿Por qué no se siente suficientemente seguro para contarme la verdad, de qué tiene miedo, de mí o de mi reacción? ¿Por qué necesita mentirme para obtener lo que precisa?».

Solemos mentir por dos razones principalmente: para evitar lo que tememos (castigos, juicios, críticas...) o para obtener lo que necesitamos. Y muchos niños mienten por miedo y porque se sienten inseguros, por falta de intimidad emocional, pues no hay cabida para la verdad, ya que mamá o papá no la aceptarán y ellos lo saben. Otros mienten para poder obtener aquello que llevan tanto tiempo necesitando y que ya pidieron de muchas otras formas, pero al no sentirse tenidos en cuenta, se vieron obligados a mentir.

He visto, en hogares donde hay intimidad, a muchos adolescentes explicarles cosas muy personales e íntimas a sus padres e incluso pedir consejo o ayuda. Si anteponemos la relación con nuestros hijos a todo lo demás, veremos como nuestra relación cambia y mejora increíblemente. Creando intimidad emocional se sanan muchas relaciones. Actualmente, estoy disfrutando muchísimo la relación con nuestros tres adolescentes. Es una etapa de vida absolutamente maravillosa. Ver los frutos de la crianza consciente desde mis cuatro raíces confirma nuestro verdadero diseño humano.

Hay adolescentes homosexuales, por ejemplo, que deben vivir su sexualidad en clandestinidad porque saben que no serán aceptados. ¿Cómo podrá nuestro hijo o hija decirnos que le gustan las personas de su mismo sexo si nunca hemos hablado de esta posibilidad abiertamente? También hay jóvenes que no explican que tienen una relación para evitar sermones.

Hay niños que sufren abusos físicos o sexuales y no lo cuentan por falta de seguridad o porque creen que al haber hecho algo «no correcto» se les culpará o no se les creerá. Varias mamás me han explicado que no podían explicar a sus padres (ni entonces ni aún hoy) los abusos sexuales sufridos en su infancia porque pensaban que no les iban a creer o que quizá las culparían, o simplemente no se atrevían, no sentían la confianza ni tenían la seguridad suficiente justamente por esta falta de intimidad emocional.

¡Cuán solo, desesperado y vulnerable debe de sentirse un niño para no poder explicar que un adulto le ha tocado de forma no deseada o que en el cole le están acosando!

Repito, si un niño no explica nada sobre estas vivencias hostiles y las vive en soledad, es porque no se siente seguro ni a salvo con nosotros ni con ningún otro adulto. Por el contrario, si se siente merecedor de respeto, sabe que nos importa, que es tenido en cuenta en sus decisiones y que se le valora, no aceptará estas vivencias y, de un modo u otro, lo dirá y lo manifestará. Si hubiera suficiente intimidad emocional en casa, sería el primer lugar donde acudiría para refugiarse, protegerse y explicarlo. Pensar que nuestro hijo no es hablador, que es tímido o reservado es no ser conscientes de la falta de intimidad y comunicación que pueda haber en casa. Una cosa no tiene nada que ver con la otra: un niño puede ser introvertido, pero podrá acudir a nosotros si le pasa algo importante, siempre y cuando hayamos creado ese ambiente de escucha en nuestra familia primero y estemos lo bastante conectados emocionalmente para poder ver que algo le está pasando.

Puede que no necesiten ni quieran compartir algo con nosotros, sobre todo durante la adolescencia, pero otra cosa muy distinta es que no lo hagan porque no encuentran un lugar donde se produzca una escucha activa y amorosa. No me cansaré de repetirlo: si hay verdadera conexión emocional en casa e interés, podremos percibir que algo está pasando.

PASO 4: decir la verdad
Muchos adultos mentimos a nuestros hijos o demás personas por miedos e inseguridades; también solemos rehuir información, tergiversarla o incluso negarla. No les hablamos a nuestros hijos, por ejemplo, sobre la enfermedad, la sexualidad o la muerte abiertamente ni con sinceridad, pues pensamos que con ello les evitamos preocupaciones, pero en realidad los confundimos y les enseñamos a no ser honestos con nuestros sentimientos al ocultarlos y negarlos. En un futuro harán lo mismo con nosotros.

Cuando nuestros hijos sienten que nos pasa algo y se atreven a preguntarnos: «Mamá, ¿qué te pasa?», muchas veces reciben un: «Nada, mi amor, no me pasa nada».

Pero debemos ser conscientes de que cuando un niño nos pregunta es porque intuye, siente y percibe que algo no marcha bien, y, en el momento en el que no somos sinceras, no les explicamos, los despistamos o negamos la verdad, los confundimos, ya que ellos saben que algo pasa, pero deben dejar de escucharse a sí mismos y hacer caso de lo que mamá o papá dicen, que no es verdad. Incluso les puede llegar el mensaje de que no son merecedores de saber qué nos pasa o de que no confiamos suficientemente en ellos, y de que uno no debe hablar de sus propias emociones, necesidades, preocupaciones o alegrías...

Esa confusión interna que el niño siente por la falta de coherencia entre lo que mamá verdaderamente siente y lo que nombra (que no es verdad) le crea un desorden psíquico y emocional. Este desorden se hace evidente cuando aquello que el niño intuye, percibe y siente es negado reiteradamente por el discurso engañado de su mamá. No hay nada que confunda más a nivel emocional a un niño que el hecho de que sienta algo y su madre le diga que no es así, ya sea hambre, frío, tristeza, miedo, dolor, vergüenza o duda. Así es como aprendemos a dejar de escucharnos, es el inicio de nuestra inmadurez emocional y de nuestra falta de seguridad, y como empezamos a perder nuestra propia autoestima y nuestra capacidad de sentir empatía y percibir a los demás. Para el niño, su sentir es cierto y está allí, pero debe ignorarlo y negarlo para poder aceptar lo que su madre le dice, y, como para él lo que mamá nombra es la verdad absoluta, acabará pensando que él es quien está equivocado y no su madre.

Más adelante, puede que no haga caso de aquello que él sienta en otras situaciones de su vida a las que se vea expuesto, como he comentado anteriormente, a vivencias hostiles, confusas e incluso a algún tipo de abuso, y que lo acepte o lo silencie, ya que pensará que el adulto es quien siempre tiene la razón y no confiará en su sentir. Ya no podrá reconocer ni guiarse por su verdadero ser, ni por sus emociones o necesidades.

PASO 5: preguntarnos: «¿Qué me pasa a mí por dentro emocionalmente?»

En muchas ocasiones, la falta de intimidad emocional en los hogares, en las escuelas o incluso en los lugares de trabajo se debe a que no nos damos cuenta de qué es aquello que nos impide conectar con nuestro verdadero sentir para poder expresarlo de forma pacífica, respetuosa y amorosa. Hemos perdido la capacidad de sentirnos emocionalmente los unos a los otros.

> **Hemos perdido la capacidad de sentirnos emocionalmente los unos a los otros.**

Negamos, ignoramos y tapamos nuestras propias emociones, no sabemos qué nos pasa en realidad ni nos preocupa lo que le pasa al otro. Si no somos capaces de ello es porque cuando sí lo sabíamos, de niños, se nos negaba nuestra verdadera vivencia interna, ya que nos teníamos que adaptar, la mayor parte del tiempo, a lo que los adultos querían o necesitaban. Y ya de mayores, cuando reconocemos lo que nos pasa, en ocasiones, no lo compartimos con nuestros hijos, los dejamos fuera del mundo emocional de la familia, por lo que no sabrán ni podrán acudir a nosotros cuando necesiten ayuda, y quizá la busquen en lugares equivocados.

Para poder tener intimidad emocional con nuestros hijos es vital aceptar, acompañar y validar lo que sienten y necesitan a la vez que exploramos aquello que nos pasa a nosotros con su sentir y sus necesidades. ¿Por qué nos cuesta tanto sostenerlos y acompañarlos como legítimamente necesitan? Pocos adultos tuvimos relaciones afectivas íntimas con nuestros padres y demás adultos, no se nos dio voz, por eso hoy no podemos expresarnos en ese sentido y necesitamos controlar y manipular a nuestros hijos para dejar de sentir nuestro propio malestar interno y poder anestesiarlo.

Expresar nuestro verdadero sentir (confusión, incomodidad, vergüenza, indecisión e inseguridad) nos vulnerabiliza y nos humaniza. Nuestros hijos no necesitan padres y madres perfectos. Necesitan padres y madres honestos, sinceros consigo mismos y capaces de mostrar su vulnerabilidad y sus emociones sin herir a los demás. Cuando podamos dejar atrás nuestro miedo y simplemente nos dejemos llevar internamente por el amor, las relaciones con nuestros hijos y demás personas se colmarán de confianza y respeto mutuo. Te invito a dejarte sentir, compartir, soltar y confiar.

PASO 6: reconocer nuestras limitaciones
Tenemos la creencia de que no se puede ni se debe hablar de emociones ni de sentimientos. Los niños son

expertos de las emociones, ya que las expresan tal cual las sienten en el momento en que las sienten, y, como hemos dicho anteriormente, los adultos somos quienes les hemos enseñado a reprimirlas e ignorarlas, al no saber gestionarlas ni expresarlas: negamos sus emociones al no saber cómo gestionar lo que les pasa y, así, las reprimen para no molestarnos. Hemos aprendido a hablar de los hechos aisladamente sin tener en cuenta cómo nos afectan. Nuestro mundo emocional quedó enterrado. No tuvimos un modelo de escucha ni se nos permitió expresarnos libremente, nos faltó un adulto que pudiera sentirnos, protegernos y recogernos.

Cuando aceptemos y no neguemos qué es lo que verdaderamente nos impide acercarnos emocionalmente a nuestros hijos, nuestra pareja y demás personas, entonces podremos empezar a cambiar la forma de relacionarnos con ellos.

Solamente tomando conciencia, aceptando nuestra verdad y comprometiéndonos sinceramente, podremos empezar a crear la intimidad emocional que no tuvimos pero que hoy deseamos crear para nuestra familia. Nunca es tarde para empezar a tomar nuevas decisiones y acciones que nos lleven a poder disfrutar de nuevas y mejores relaciones. Cada decisión que tomamos en la vida nos acerca un poco más o nos aleja del lugar donde finalmente deseamos llegar.

Si seguimos desconectados emocionalmente de nosotros mismos y, por consiguiente, de nuestros hijos, no habrá suficiente intimidad emocional en casa, no podremos percibir ni darnos cuenta de cuándo algo les está afectando, molestando o inquietando, e incluso, aunque lo intuyamos, no siempre sabremos qué hacer por nuestra falta de seguridad.

PASO 7: compartir nuestros sueños, ilusiones y pasiones
Hablar con nuestros hijos, sobre todo de aquello que nos ilusiona, nos apasiona, nos interesa o incluso nos preocupa, les hace partícipes de nuestros gustos, preferencias o preocupaciones.

Soñar con nuevos proyectos, nuevas experiencias y vivencias es estar vivo, y además resulta fantástico poder compartirlo con nuestros hijos. Siempre he compartido con nuestros tres hijos mis sueños, ilusiones e incluso proyectos de futuro, y notar la ilusión que hoy muestran, por ejemplo, al ver que este libro ya es una realidad me emociona. He hablado sobre él durante años y juntos lo hemos ido creando: en ocasiones me han hecho sugerencias sobre temas que podría incluir o sobre anécdotas que podría explicar o compartir. Es maravilloso poder celebrar estos logros como algo familiar y no solamente como algo personal. Todos tenemos sueños e ilusiones que compartir, y, cuanto más hablemos sobre ello, más cerca estaremos de verlo hecho realidad.

¿Cómo crear intimidad emocional si nunca la hubo?
Finalmente quiero comentar que nunca es tarde para empezar a crear esa intimidad emocional que nunca hubo, y el mejor

momento para empezar es ahora mismo. Aunque tengamos adolescentes en casa que quizá ya no quieran saber nada de nosotros o que estén en un estado de enfado permanente con el mundo, siempre hay algo que podemos hacer por y para ellos, siempre hay lugar para un poco más de amor. Nunca es tarde para empezar a amarlos más y mejor.

Podemos acercarnos humildemente y explicarles que lo que hoy sabemos ha despertado un cambio en nosotros que años atrás no fuimos capaces de ver ni realizar. No tengamos prisa, no forcemos las situaciones, necesitarán su tiempo y nosotros también.

Podemos disculparnos por haberles exigido obediencia ciega, por haberlos controlado arbitrariamente, por no haber podido satisfacer muchas de sus necesidades, por haber abusado emocionalmente de ellos y no haber podido amarlos como legítimamente necesitaban y pedían a gritos. Podemos disculparnos por todo lo que nos parezca necesario.

Hoy sabemos que muchas de sus reacciones emocionales automáticas (rabietas), su rebeldía, su agresividad, su malestar interno, su frustración, su impotencia y su desconexión con nosotros son debidos a tanto control y falta de respeto hacia sus ritmos biológicos y necesidades más básicas por nuestra parte. Invito a ser más honestos y humildes y a explicarles que hemos decidido conscientemente empezar a amarlos como realmente necesitan y merecen, sin juzgar sus necesidades o emociones. Comentarles que no tenemos prisa pero que necesitamos llegar a tiempo, pedirles esa segunda oportunidad que tanto deseamos. Puede que no los hayamos escuchado, respetado, acompañado,

> *Darnos cuenta de nuestros errores, disculparnos por ellos y querer corregirlos es el mejor de los regalos que les podemos hacer.*

apoyado lo suficiente cuando más nos necesitaban, y que hoy les cueste confiar en nosotros o incluso aceptarnos, pero lo más importante es que les llegue nuestro amor sea como sea. Darnos cuenta de nuestros errores, disculparnos por ellos y querer corregirlos o compensarlos es el mejor de los regalos que les podemos ofrecer. Que sepan que mamá y papá hoy son conscientes de todo eso por que tuvieron que pasar es maravilloso, y no importa si nuestro hijo o hija tiene cinco, doce, veinte o cuarenta años, sino que nos hemos dado cuenta de que, a partir de ahora, deseamos hacerlo desde otro lugar y queremos que lo sepan. Queremos llegar a ser mejores personas para también poder convertirnos en los padres y adultos que ellos necesitan.

Te invito a compartir o disculparte por todo lo que habrías hecho distinto si hubieses sabido lo que ahora sabes y sientes. Amar más y mejor a nuestros hijos es posible, y además nos sanará a todos. No olvidemos que podemos cambiar el mundo en una sola generación simplemente amando más y mejor a todos los niños de nuestra vida.

Todos estos niños respetados, escuchados y amados como legítimamente necesitan y merecen, una vez adultos, no necesitan ejercer el poder, ni dominar, ni abusar, ni crear guerras, ni ejercer el control o herir a otro ser. Solo con amor y respeto podemos ayudar a otra persona a ser amorosa y respetuosa. ¿Por qué seguimos pensando que haciéndole algo desagradable (gritar, castigar, amenazar...) a un niño o adulto le ayudaremos a ser mejor persona o a tomar mejores decisiones?

Necesitamos cortar esta cadena transgeneracional de una vez por todas. Corremos el peligro de seguir perpetuando aquello que negamos. La verdad nos liberará y sanará.

Es mucho más fácil escuchar, respetar, acompañar y amar incondicionalmente a un niño que ayudar años más tarde a un adulto a sanar al niño interior que no lo pudo recibir.

La intimidad emocional es presencia, vínculo, atención, disponibilidad, conversaciones sinceras, compromiso, aceptación, complicidad, ternura, seguridad, escucha, confianza, armonía, ternura, escucha, respeto, generosidad, altruismo y mucho amor incondicional. La intimidad emocional es vital para que nuestros hijos puedan acudir a nosotros en caso de necesidad y nos cuenten lo que más les preocupa, asusta, molesta, inquieta, interesa, apasiona e incluso aquello que necesitan de nosotros y no pueden recibir.

EJERCICIO

EJERCICIO PARA DAR VOZ A TU HIJO

La próxima vez que alguien no sea respetuoso con tu hijo, le fuerce a hacer algo que no le apetezca, le amenace, le critique, le juzgue o le compare, te invito a darle voz en la medida de tus posibilidades. Recuerda que dar voz a tu hijo no es enfrentarte ni discutir con el adulto en cuestión, sino simplemente validar a tu hijo y nombrar su malestar, su sentir y sus necesidades.

Nota: seguramente al principio te costará hacerlo y quizá te sientas un poco incómoda, ya que algunas veces nos importará más lo que los demás digan o piensen que lo que nuestros hijos puedan sentir o necesitar; no te preocupes, con la práctica podrás hacerlo de forma más auténtica y natural. Dar voz a los niños de nuestra vida también nos ayudará a sanar a la niña que fuimos y que no tuvo precisamente esa voz que también necesitaba.

EJERCICIO PARA CREAR INTIMIDAD EMOCIONAL EN TU HOGAR

Esta semana te invito a sentarte junto a tus hijos, si tienes más de uno, o también puedes sentarte con cada uno a solas si ya son algo más mayores. Puedes contarles alguna intimidad tuya, por ejemplo: cómo conociste a su padre, qué te preocupa, qué deseas lograr a corto plazo o incluso les puedes explicar que estás leyendo este libro para poder llegar a ser la madre que ellos necesitan.

Explícales que deseas corregir algunos errores, cambiar y transformar vuestra relación. Habla con ellos desde tu sentir, desde tu alma y desde tu corazón. No temas mostrarte tal cual eres. No temas mostrar incluso tu vulnerabilidad. Esta forma parte de ti también. Cuando la mostramos, también le damos permiso al otro para hacerlo con nosotros. Mostrar nuestra vulnerabilidad no nos debilita, sino que nos une y conecta emocionalmente con los demás.

Nuestros hijos no necesitan padres ni madres perfectos, sino humanos humildes, sinceros y dispuestos a mejorar y comprenderse a sí mismos más y mejor para poder llegar a comprenderlos más y mejor a ellos también.

Nota: te propongo crear espacios de intimidad emocional en casa también, junto con tu pareja, cada semana o cada quince días. Ya me contarás cómo os va.

Sentir al niño

Niños etiquetados: la sociedad que no deja que los niños sean niños

Quiero dar voz a todos esos niños y niñas muy sensibles al ruido, a las luces, a la gente, a los olores, a las etiquetas de la ropa, a las costuras… También quiero dar voz a esos niños tan motrices y con gran necesidad de movimiento, a esas niñas tímidas y prudentes y a esos niños introvertidos y poco sociables que necesitan su tiempo para adaptarse a los cambios, a los que no les gusta el olor o la textura de algunos alimentos, a los que cambian de actividad con frecuencia, a los que empiezan diez cosas a la vez, a los más creativos y menos intelectuales… Las siguientes líneas van dedicadas a todos y cada uno de estos niños y niñas maravillosos; más bien, se las dedico a los adultos responsables de ellos (padres, madres, maestros, abuelos, tíos, vecinos y profesionales…).

Es difícil entender, comprender y aceptar, desde la mirada adulta, que un niño no quiera hacer lo que le pedimos o necesitamos: ponerse los calcetines que hemos escogido, que no quiera terminarse el plato de comida que le hemos puesto nosotros, que no le apetezca dar un beso a la abuela, que no nos dé las gracias, que no pare quieto, que necesite hablar cuando nosotros necesitamos calma… También hay niños muy sensibles a las costuras de la ropa, por ejemplo, y les molesta mucho el roce que producen los calcetines en el zapato. Hay calcetines sin costuras que seguro que les gustaría llevar, o también se los podemos poner al revés. Conozco a un niño que siempre quería ponerse los calcetines del revés, hasta que su madre le compró un día unos sin costuras y desde entonces se acabó el problema con los calcetines. Invito a buscar soluciones creativas a favor de los niños.

Es tremendamente inquietante para algunos adultos ver a un niño moverse de un lugar a otro corriendo, saltando o brincando, y solemos decirles: «Anda bien, siéntate bien, come bien...», cuando para ellos ya lo están haciendo «bien». Están cómodos haciendo las cosas a su modo y a su ritmo, y somos los adultos los que no podemos ni sabemos cómo gestionar la actividad, la intensidad emocional y la espontaneidad de nuestros hijos o alumnos. Yo me pregunto: «¿Por qué será?». Será porque de niños a nosotros tampoco nos dejaron movernos ni nos respetaron lo suficiente ni tampoco pudimos satisfacer esas mismas necesidades al tener que reprimirnos... Precisamente esa represión emocional y de todo nuestro ser es la que se apodera de nosotros en esos momentos. Hacer que un niño tenga que reprimir su necesidad motriz le provoca mucho malestar interno y puede que la desplace, que le salga en forma de agresividad o reacción emocional automática. Es algo que en un futuro también le saldrá de una forma desplazada, incluso gritando o pegando. Duele mucho no poder ser uno mismo. También pueden llegar a ser personas psicológicamente inseguras y con una autoestima muy baja, y en cuanto a los estudios es posible que no rindan lo suficiente ni puedan concentrarse si su necesidad motriz no se ve satisfecha. Si en la escuela deben reprimir esa necesidad, por ejemplo, será importante que fuera de ella sí puedan satisfacerla en la medida

> Una emoción «guardada» sale en forma de «explosión emocional».

de lo posible. Mucho del malestar interno de los niños es debido a la represión motriz y emocional. Es vital que puedan expresarse tanto física como emocionalmente.

Las emociones o necesidades reprimidas en la infancia no desaparecen como por arte de magia si no se satisfacen, acompañan, validan y se niegan, sino que se intensifican mediante su actualización desplazada. Las emociones están diseñadas para ser expresadas, nos avisan de cuando alguna necesidad no está siendo satisfecha o algo o alguien atenta contra nosotros. Así lo ha diseñado la naturaleza, forma parte de nuestra biología humana: no sentimos para luego tener que reprimir, sino para poder expresar, sacar y liberar. Una emoción «guardada» sale en forma de «explosión emocional» cada vez que un adolescente o un adulto conecta con algo que le recuerda «eso» (emocionalmente hablando) que ya vivió en su infancia, que le es familiar. Hay quienes nos encendemos por dentro cada vez que alguien nos critica, nos juzga o nos cuestiona, y en ese momento estamos conectando con la niña o el niño que fuimos y con la frustración e impotencia que sentimos entonces, y revivimos el desamparo, la falta de atención y aprobación. Cuando no podemos sostener una situación, explotamos emocionalmente y lo descargamos, y no nos podemos responsabilizar de aquello que nos pasa, ya que no lo comprendemos. Algo se apodera de nosotros. Por ello, las emociones que tuvimos que reprimir en la infancia se actualizan (salen, explotan) en el presente cada vez que un suceso nos conecta con alguna emoción parecida. Con 5 o 7 años llorábamos de rabia, impotencia o frustración si nos lo permitían o, por el contrario, teníamos que reprimir, silenciar y negar nuestras emociones, y, lo peor de todo, vivir estas experiencias en soledad; de adultos solemos gritar, castigar amenazar, insultar, ignorar, humillar, controlar, limitar e incluso podemos llegar a pegar. La vivencia interna emocional es la misma y viene del mismo lugar de soledad, desamparo, impotencia, abandono emocional, necesidad de conexión, contacto y amor; sin embargo, la reacción emocional es distinta de niños que de adultos.

Cuando oigo a padres o a algunos profesionales decir que hay bebés o niños de alta demanda (que piden demasiado o más de lo «normal»), me pregunto si no seremos las madres, los padres o demás adultos los que no tenemos suficientes recursos emocionales para acompañarlos, sostenerlos, comprenderlos, satisfacerles o si simplemente nos abruma y ahoga su intensidad emocional por nuestra propia falta de madurez emocional, ya que tampoco pudimos recibir u obtener de niños lo que legítimamente necesitábamos y merecíamos. Ya sabemos que dar lo que no se tuvo duele y cuesta mucho.

Honestamente, es mucho más fácil pensar que el problema está en el bebé o el niño que revisar qué nos pasa a nosotros, los adultos, con la demanda del niño. Nos cuesta fusionar, conectar, complacer, satisfacer, sentir y estar presentes con nuestros hijos. En realidad no es que pidan demasiado, sino que quizá no podamos dar lo suficiente. Si etiquetamos a un niño de «alta demanda», corremos el riesgo de no poder ver ni sentir lo que verdaderamente necesita. Cuando esto viene de un profesional, me pregunto si solamente está enfocado e interesado en qué hace o pide el niño o si también pone el foco en la verdadera capacidad emocional de la madre o el padre para acompañarle. Es vital revisar también la historia personal de mamá y no solo cada cuánto pide teta el niño, cuánto tiempo necesita para dormirse en brazos, si necesita de más contacto corporal de noche o durante cuánto tiempo se entretiene solo. Desde mi propuesta de las cuatro raíces para una crianza consciente, es vital revisar el escenario completo de este niño y su entorno.

También me pregunto: ¿por qué siempre etiquetamos a los niños y no a los padres y demás adultos? ¿Por qué nadie etiqueta a una madre de «poco complaciente» o «poco fusionada»? Cuando nació mi primera hija, en marzo de 2005, a mí también me parecía que pedía demasiado, hasta que me di cuenta de la verdad: lo mucho que me costaba ofrecerle lo que verdaderamente necesitaba de mí. El problema no estaba en ella, sino en mi capacidad y madurez emocional para acompañarla. Dar a mis tres hijos los que yo no tuve me sanó, y por eso prometí compartirlo. ¿Por qué pensamos que el problema siempre y solamente está en el niño y no en nosotras también, o en nuestra verdadera capacidad de dar y amar?

Aprendemos a dar habiendo recibido lo que legítimamente necesitábamos, y aprendemos a amar habiendo sido amados incondicionalmente. Ningún niño pide lo que no necesita.

Cuando hay una desconexión o falta de fusión emocional por parte de la madre hacia el hijo, este lo nota, ya que él sí está fusionado con la madre y, por lo tanto, conecta con esta desconexión. La fusión no se lleva a cabo desde la razón ni lo intelectual, ni desde la voluntad o la intención, sino que se debe sentir en las entrañas, en el corazón, en el alma. Con intención y voluntad no siempre es suficiente para poder amar más y mejor a los niños de nuestra vida. Necesitamos conocer nuestra historia y dar voz a la niña o el niño que una vez fuimos. Una madre puede colechar, portar y amamantar a su hijo a demanda y, sin embargo, estar totalmente desconectada emocional e inconscientemente de él.

El niño busca y necesita la fusión y no solo la compañía y la satisfacción de necesidades, por lo que, si su madre está lejos emocionalmente hablando, la reclamará hasta que la obtenga como él legítimamente sabe que necesita tenerla. Al sentir esta carencia de conexión por parte de la madre, el niño empieza a pedir más y más su presencia, y si su madre no es consciente de su desconexión o falta de madurez emocional pensará que su hijo pide «demasiado» y no comprenderá lo que está pasando. No se trata de culparnos, sino de comprender que quizá no tengamos recursos emocionales suficientes. El niño no tiene ningún problema, él sabe perfectamente lo que necesita y lo pide, somos nosotras las que precisamos ayuda para comprender las verdaderas necesidades infantiles, que solemos juzgar, interpretar, ignorar o negar cuando no podemos satisfacerlas. Simplemente hay un desequilibrio entre lo que el pequeño verdaderamente necesita de nosotras y lo que podemos darle y ofrecerle. Es más fácil y cómodo pensar que el niño pide demasiado que preguntarnos si nosotras estamos dando suficiente. Nadie pide lo que no necesita, nadie. Y etiquetar al niño de demandante no soluciona el verdadero problema de falta de conexión.

> Interpretar es dar lo que nosotras pensamos que el niño quiere, no lo que realmente necesita.

Ya hemos dicho que solemos interpretar lo que el niño necesita desde lo mental y racional, pero es que además comparamos y emitimos juicios, y nos olvidamos de que interpretar no es sentir, ni mucho menos estar fusionadas ni conectadas emocionalmente. Interpretar es dar lo que nosotras pensamos que el niño quiere, no lo que realmente necesita; no es satisfacer, sino suponer desde nuestra percepción y desde la cabeza. En cambio, se fusiona y se conecta se hace desde lo instintivo, el corazón, el sentir, el alma.

Podemos seguir etiquetando a los niños de hiperactivos, hipersensibles, de alta demanda, superdotados, de altas capacidades, agresivos, de mal comer, antipáticos, tímidos, extrovertidos, habladores..., pero simplemente son niños, y todos y cada uno de ellos son perfectos, auténticos, especiales y únicos. Lo que pasa es que simplemente tienen necesidades, intensidades e intereses distintos, y, sobre todo, diferentes ritmos, y estos no son ni mejores ni peores ni especiales ni normales...

Esas etiquetas no son más que opiniones, percepciones, ideas, creencias, comparaciones y juicios, aunque sean emitidos por profesionales «expertos». Etiquetar a un niño es no verlo como un ser completo y perfecto y auténticamente único; etiquetar es dejar de responsabilizarnos. Cuando llamamos a un niño «hiperactivo» es porque un adulto cree que se está moviendo más de lo «normal» o más de lo que ese adulto puede soportar, tolerar o gestionar. ¿Cómo podemos saber que eso es verdad? Comparándolo con otros niños, ¿verdad? ¿Y qué tipo de niños son esos? ¿Son niños libres, respetados, aceptados y amados incondicionalmente, a los que permite explorar y ser en todo su potencial, o son niños adaptados y reprimidos que viven en una sociedad hecha por y para los adultos? ¿Cómo podemos decir que un niño se mueve «demasiado»? ¿No será que tiene que pasar demasiadas horas sentado o quieto?

Ese mismo profesional está actuando desde el lugar desde el que él fue visto y sentido cuando era niño: quizá también tuvo que reprimir sus necesidades más básicas en busca de aprobación y negar o ignorar algunas de sus emociones más intensas para no molestar a los adultos de su vida. Y, entonces, me pregunto: ¿cómo podrá sentir y comprender a este niño en particular si él mismo no fue comprendido ni sentido? Y lo peor de todo es que no es consciente de ello. A muchos profesionales se nos ha dicho y enseñado cómo son los niños y cómo deberían llegar a ser. Sin embargo, no se nos enseña ni se nos ayuda a comprenderlos y acompañarlos desde su verdadero ser o realidad infantil para poder llegar a satisfacer sus necesidades más básicas, emocionales, motrices e intelectuales, respetándolos, complaciéndolos y acompañándolos, en la medida de lo posible, desde el lugar donde está cada uno de ellos.

Nuestra responsabilidad como adultos debería ser permitir que cada niño pueda llegar a convertirse en la persona maravillosa que ha venido a ser. Libre de nuestros juicios, criticas, comparativas y expectativas.

> Muchos niños dejan de moverse porque no se les permite y han aprendido a reprimir esa actividad corporal desplazándola a otras actitudes.

Solemos pensar que los niños tienen reacciones antinaturales, pero la cruda realidad es que sus reacciones a entornos y tratos antinaturales son totalmente naturales desde el punto de vista biológico. Muchos niños dejan de moverse porque no se les permite y han aprendido a reprimir esa actividad corporal desplazándola a otras actitudes: agresividad, violencia, morderse las uñas, represión, necesitar ver mucha pantalla para dejar de escuchar o sentir su cuerpo, tirarse del pelo o comer sin hambre. Lo que es antinatural es que hoy en día tantos niños aún tengan que pasar por esto. El único gran problema que tienen la mayoría de los niños es que están rodeados de adultos que no les comprenden. Incluso pueden llegar a somatizarlo, pues la enfermedad se manifiesta por síntomas y el cuerpo empieza a hablar cuando no escuchamos ni atendemos sus emociones o necesidades.

A muchos adultos nos cuesta ponernos en el lugar de todos estos niños, que no son diferentes de los demás ni más especiales, sino que simplemente están más conectados con su ser esencial y, cuando algo no les encaja, lo manifiestan de un modo más visible, más intenso, y que no se adaptan o someten tan fácilmente. Queremos y creemos que deben comportarse de un modo en particular y se nos olvida que ser niño es precisamente ser auténticamente espontáneo.

¿Por qué en lugar de querer cambiar a los niños no intentamos transformar nuestra forma de relacionarnos con ellos? Propongo incluso utilizar el malestar que algunos niños nos puedan generar para conocernos mejor a nosotros mismos, revisar nuestra historia de vida y trabajarnos interiormente para poder llegar a darles lo que verdaderamente necesitan y merecen de nosotros. Recuerda: dar lo que no tuvimos nos sanará a todos. En lugar de pedir ayuda para corregirlos y diagnosticarlos podríamos pedir ayuda para poder entenderlos y acompañarlos mejor.

Aceptar y acompañar a un niño tal y como es nos cuesta mucho, y pensar que le pasa algo, que está equivocado es más fácil que mirarnos a nosotros mismos o satisfacer su necesidad de movimiento, contacto, vínculo, conversación, escucha, mirada, descanso, juego, presencia o exclusividad.

La sociedad en la que vivimos actualmente no mira lo suficiente ni siente a los niños de una forma genuina, sino que les exige que miren y obedezcan a los adultos ciegamente. No damos ni ofrecemos a los niños primero para que luego ellos estén llenos y puedan dar a su vez, sino que les pedimos, exigimos, ordenamos, amenazamos, castigamos, juzgamos y gritamos. No les dejamos ser niños en un mundo de adultos. Y esto conlleva graves consecuencias a largo plazo. Necesitamos que se comporten como adultos aun siendo niños. Nos cuesta acompañarlos, complacerlos y satisfacerlos, no tenemos tiempo para ellos. Son el futuro y muchos sobreviven solos, emocionalmente hablando, como pueden. ¿Acaso se nos ha olvidado que también hemos tenido que pasar por esa misma soledad y precisamente eso es lo que hace que la historia se repita una generación más?

Abramos nuestros corazones y luego nuestros ojos de par en par, empecemos a recuperar el vínculo perdido. Si no lo hacemos en esta generación, cada vez será más difícil.

¿Cómo te gustaría que fueran los padres y madres de tus nietos? Haz una lista con sus cualidades, valores... No olvides que esos padres son hoy tus hijos. ¿Qué infancia necesitan tener para convertirse en adultos sanos emocionalmente sin necesidad de ejercer el poder, el control, pegar, gritar, amenazar, maltratar, abusar?...

¿Quieres seguir con esta cadena transgeneracional de falta de amor incondicional, con adultos heridos, o deseas romper con ella aquí y ahora?

Solemos interpretar lo que el niño necesita y manifiesta desde lo mental y racional. También los comparamos y emitimos juicios. Interpretar no es sentir, ni mucho menos estar fusionadas ni conectadas emocionalmente, es dar lo que nosotras pensamos que el niño quiere, no lo que realmente está necesitando, no es satisfacer sino suponer, y se hace desde la cabeza. Por el contrario, fusionar y conectar se lleva a cabo desde lo instintivo, desde el corazón, desde el sentir.

Las rabietas de los niños no son lo que parecen

Permíteme empezar diciendo que tanto los niños como cualquier persona adulta necesitan dar expresión a sus emociones y sentimientos. Los niños son auténticos y espontáneos, están aún conectados a su verdadero ser esencial. Por tanto, sienten sus emociones de manera intensa. Las emociones y los sentimientos están diseñados para ser sentidos y expresados, pues son el mecanismo de defensa que la naturaleza nos ha regalado para conectar con aquello que nos produce dolor, alegría, malestar o nos falta. Las emociones son nuestra guía, nos avisan si algo no marcha bien, si alguien nos trata mal, si alguna necesidad no está siendo satisfecha...

Los niños son verdaderos expertos en cuestión de emociones: saben sentirlas y expresarlas de modo genuino. Poco necesitan aprender sobre gestión emocional. Somos los adultos quienes perdimos la capacidad de poder gestionarlas. Muchos tuvimos que reprimirlas, ignorarlas e incluso negarlas durante tanto tiempo para poder recibir la aprobación de nuestros padres y no molestar a los adultos de nuestra vida que hoy no podemos sostener ni acompañar las de nuestros hijos de forma sana. En mis talleres *online* de gestión emocional vemos esto en cada edición. Comprender que sentir es legítimo y expresar el único medio para recuperar el equilibrio hace que ocurran milagros en los vínculos entre padres e hijos. Muchos aprendimos a reprimir las emociones, hace ya muchos años, siendo niños, por miedo a ser juzgados, criticados, maltratados, no aceptados, rechazados, regañados, castigados, pegados o incluso no amados.

> Muchos adultos no soportamos ni podemos sostener los gritos o los llantos. ¿Por qué no podemos acompañarlos y ayudarles en esos momentos?

Llamar rabieta, berrinche o pataleta al comportamiento de un niño cuando lo que verdaderamente necesita es expresar una intensa emoción debido a un gran malestar que siente es emitir un juicio y etiquetarlo. En realidad no es que sea una «rabieta», sino que es una simple expresión emocional. Su sentimiento de frustración e impotencia es tan grande que lo expresa llorando o gritando. Y en ocasiones les negamos sus pulsiones innatas y más vitales o sus necesidades más básicas no son suficientemente satisfechas. Cuando sentimos miedo, angustia, frustración, desvalorización, impotencia o enfado, o nos juzgan o nos critican, los niveles de adrenalina y cortisol suben en nuestro cerebro, lo que provoca una reacción emocional descontrolada en algunos niños y dolor de cabeza o migraña en algunos adultos. En ese preciso momento, para que esos niveles bajen y así poder relajar sus emociones y recuperar el equilibrio emocional, nuestros hijos necesitan de nuestra serenidad, calma, amor, validación, acompañamiento, ayuda y tiempo. Cuando nos descontrolamos, no se sienten seguros ni aceptados, y vuelta a empezar. En realidad, les controlamos para no descontrolarnos nosotros. Muchos adultos no soportamos ni podemos sostener los gritos o los llantos. ¿Por qué no podemos acompañarlos y ayudarles en esos momentos? ¿Con qué conectamos realmente entonces? ¿Por qué nos cuesta tanto estar presentes por y para ellos? ¿Qué es lo que nos produce tanto dolor? Los niños tienen derecho a sentirse mal y poder expresarlo, y nuestra responsabilidad sería poder evitarles esas situaciones o, en caso de explosión emocional, acompañarlos respetuosa y amorosamente, validando lo que ellos sienten sin juzgarles y nombrando lo que nos pasa a nosotros. Recordemos que, cuanto «peor» se sienta un niño y «peor» se comporte, más ayuda y amor necesitará de nosotros. Y, también, cuanto «peor» le tratemos, «peor» persona pensará que es.

Mario Alonso Puig nos explica de manera muy sencilla qué son las emociones:

> Una emoción es un fenómeno físico en el que se producen una serie de cambios fisiológicos que afectan a nuestras hormonas, a nuestros músculos y a nuestras vísceras. Estos cambios tienen una duración limitada a minutos o, como mucho, a algunas horas. Digamos que una vez que el elemento interno (un pensamiento angustioso) o externo (un insulto) han pasado, la reacción emocional que se ha desencadenado poco a poco va remitiendo hasta que volvemos al estado en el que nos encontrábamos antes de que el pensamiento o el insulto se produjeran.

En mi opinión, lo más importante no es cómo vamos a acompañar estas «rabietas» o qué podemos hacer para que se calmen una vez ya han perdido el control, sino ir más allá y aceptar y reconocer que detrás de cada «berrinche» hay un motivo absolutamente válido y legítimo, seamos conscientes de ello o no. No ser conscientes ni saber qué le ha producido o le sigue produciendo tal malestar no nos exime de la responsabilidad de intentar averiguarlo para poder evitarlo en un futuro. Si nuestra mirada estuviera más en cómo se SIENTEN en lugar de en cómo se COMPORTAN, prevendríamos muchos conflictos. Cuando los ayudemos a sentirse mejor, podrán comportarse mejor.

No olvidemos que, cuando nos sentimos bien, nos comportamos bien. Cuando nos sentimos mal, nos comportamos mal. Entiéndase «bien» por cuando estamos en paz, en armonía y nuestras necesidades se ven satisfechas en la medida de lo posible.

Ningún niño llora, grita, pega o se enfada para molestar o ridiculizar a sus padres o demás adultos, simplemente manifiestan y expresan lo que la naturaleza ha programado para ellos. Como ya hemos comentado, las emociones y los sentimientos están para ser expresados, no reprimidos. Ya sabemos que tener que reprimir emociones negativas para obtener la aprobación de los demás provoca alteraciones en el comportamiento y el aprendizaje y nos distancia de nuestro ser esencial. Todas estas emociones reprimidas saldrán posteriormente con más fuerza y descontroladamente. A mayor represión, mayor explosión.

> Con miedo no podemos sentir ni amar al otro.

Somos nosotros los que podemos y deberíamos hacer de modelos a la hora de mostrar y gestionar nuestras propias emociones y sentimientos, pero, por desgracia, a muchos también nos faltan herramientas, y por ello queremos y necesitamos que sean los niños los que se controlen primero para que no nos descontrolemos nosotros. La verdad es que debería ser al revés.

En un lugar público, aún nos sentimos peor por el miedo a ser juzgados por los demás, y cuando esto pasa nos desconectamos emocionalmente de las personas, pues con miedo no podemos sentir ni amar al otro. En esos momentos podríamos preguntarnos:

- ¿Qué me pasa a mí cuando mi hijo no cumple mis expectativas o las de los demás?
- ¿Dónde y de quién aprendí a tener miedo a ser juzgado por los otros?

- ¿Quién me juzgaba y criticaba siendo niño?
- ¿Por qué me preocupa más lo que los demás piensen que lo que necesita y siente mi hijo ahora mismo?
- ¿Cómo expresaba el enfado o la frustración de niña y cómo lo gestionaban mis padres?

En esos momentos también sería necesario conectar con la vivencia real infantil de nuestro hijo y decirle, por ejemplo:

- ¿Hay algo que pueda hacer para que te sientas mejor?
- ¿Necesitas algo de mí?
- ¿Necesitas un abrazo?
- Entiendo que estés muy enfadado o frustrado, ¿necesitas decirme algo?
- ¿Quieres pedirme algo?

Si en ese momento nuestro hijo no puede hablar ni escucharnos, es totalmente legítimo. Pasado un rato o unas horas podemos volver a nombrarlo y darle voz de nuevo. Lo importante es que sepan que estamos de su lado y que estamos dispuestos a ayudarlos, aunque no siempre sabremos cómo. Es vital que no se sientan solos. El peor de los castigos para un niño es ese castigo sutil de la retirada de nuestro amor, mirada o aceptación, pues cuando se sienten rechazados interiorizan el mensaje de: «No valgo, no merezco, no pertenezco, no soy importante». Ese sentimiento les robará parte de su autoestima y se volverán personas más inseguras y dependientes emocionalmente.

En ocasiones, solemos ser demasiado autoritarios y arbitrarios con los niños: les damos órdenes, los obligamos, chillamos, les metemos prisa, los amenazamos, criticamos, sermoneamos, juzgamos, castigamos, pegamos, premiamos, comparamos, evaluamos, examinamos... En resumen, tienen muy pocas ocasiones para poder ser ellos mismos y tomar sus propias decisiones, y se les tiene muy poco en cuenta, pues somos los adultos quienes decidimos cuándo, dónde y con quién van a dormir, cuándo se levantan, cuándo tienen que ducharse, cuándo, qué y cómo deben comer, qué ropa deben ponerse y cuál no, cuándo pueden jugar o no y de qué forma y cuánto tiempo, qué y cómo deben aprender y a qué ritmo, con quién los dejamos mientras nos ausentamos... Nuestras necesidades y deseos casi siempre se anteponen a los suyos, por lo que son ellos los que siempre acaban adaptándose a nosotros y a nuestra estresante forma de vida. Algunos pensaréis que exagero, y en especial los que nos consideramos padres conscientes. No obstante, ¿cómo podríamos saber que les estamos respetando lo suficiente y que sus necesidades más básicas y emocionales se satisfacen? El comportamiento de nuestros hijos da evidencias y nos confirma que quizá no les ofrezcamos lo que verdaderamente necesitan de nosotros, y esto les provoca un gran malestar. Pongámonos por un momento en su lugar, en sus cuerpos, en sus mentes, en sus corazones, en sus almas... ¿Qué piensas que puede estar sintiendo tu hijo, nieto o alumno ahora mismo? ¿Puedes sentirlo de verdad o simplemente interpretas?

Además de no poder sentirlos, en muchas ocasiones nosotros, sus padres, las personas más importantes para ellos, estamos la mayor parte del tiempo preocupados por seguir el ritmo que nos hemos impuesto, y de este modo no somos el mejor modelo para ellos.

Los niños necesitan de nuestra atención y presencia diaria. Me pregunto, ¿cuántas horas o minutos reales al día estás presente y conectado con tu hijo? No me refiero a compartir el mismo espacio cada uno haciendo lo suyo, sino a estar presente con nuestro cuerpo, corazón y mente, por y para ellos, sin móviles, sin tareas y sin pensar en lo nuestro. Si esta demanda y necesidad legítima no se colma, se sienten vacíos y necesitarán llenarse por otros medios. Ya sabemos la importancia de la primera de las raíces que yo propongo para una crianza consciente: ofrecer nuestra presencia por elección y no por obligación.

- Necesitan ser queridos incondicionalmente y no por cómo se comportan o por lo mucho que aprenden.
- Necesitan ser mirados, escuchados y tenidos en cuenta.
- Necesitan poder tomar algunas decisiones sobre sus gustos, preferencias e intereses.
- Necesitan poder ir a su ritmo.
- Necesitan poder equivocarse para darse cuenta y así aprender.
- Necesitan no ser juzgados ni criticados.
- Necesitan ser aceptados por quienes ya son y no por quienes esperamos y deseamos que sean.
- Necesitan sentirse respetados y dignos de nuestro amor.
- Necesitan que confiemos en ellos para poder llegar a convertirse en quienes han venido a ser.

Y, en este sentido, no son diferentes de los adultos, tan solo son más jóvenes, pero de igual forma son seres humanos, con las mismas necesidades que nosotros. Y, puesto que la mayoría no tenemos casi ningún registro emocional, pocos recuerdos y ningún modelo que seguir, solemos hacerles a los niños lo mismo que nos hicieron a nosotros.

La infancia es la etapa más corta de la vida de un individuo y es la que queremos que pase más rápido. Sin embargo, paradójicamente, el resto de nuestra vida dependerá de cómo hayamos vivido esos primeros años: ¿amparados o desamparados, amados o no amados, respetados, escuchados?... ¿Por qué nos cuesta permitir que los niños sean simplemente niños cuando realmente lo son, ya que nunca más volverán a serlo? Así pues, lo que necesitan en este momento debería ser colmado en este preciso instante, o al menos validado y nombrado, pues, de lo contrario, se postergará a la próxima etapa de su vida en forma de vacío o carencia emocional. Todo nuestro carácter, personalidad, características, habilidades, cualidades, pasiones, talentos, principios, valores y creencias dependen de la niñez que hemos vivido y de lo que posteriormente hemos hecho con todas esa vivencias. En esta etapa también es cuando en su cerebro se realizan todas las conexiones neuronales necesarias para su futuro aprendizaje. Es cuando los niños entienden cómo funciona el mundo, cuando se forja su autoestima, seguridad, empatía e identidad, cuando aprenden y se impregnan de los valores de los adultos que les rodean, cuando se conectan o desconectan de su mundo emocional, cuando pueden conectar con su verdadero ser esencial para luego poder tomar sus propias decisiones, y cuando más nos necesitan, dependen de nosotros y de nuestro amor incondicional. Nos necesitan ahora, hoy, en este preciso momento.

> «Mamá, mamá, quiéreme cuando menos me lo merezca, porque será cuando más lo necesite».

Hay una frase que me gusta mucho: «Mamá, mamá, quiéreme cuando menos me lo merezca, porque será cuando más lo necesite». Y yo me pregunto: ¿cómo no van a tener reacciones emocionales explosivas de vez en cuando con lo que tienen que vivir? Dicho así podría parecer que estoy exagerando, ¿verdad? Pero es que muchas veces no vemos el escenario completo, solo que el niño ha perdido el control porque quería esto o lo otro y pensamos que ese juguete o esa golosina es el motivo de su rabieta. Sin embargo, sabemos que hay mucho más en juego, y aun así no somos capaces de conectar con ellos.

Esa reacción emocional automática simplemente son los últimos cinco minutos de una larga película que no hemos visto. Y lo que es peor: no somos conscientes de nuestra falta de conexión o comprensión hacia ellos. Las «rabietas» o pedidos desplazados son las experiencias y manifestaciones que ellos utilizan para poder dar expresión a su gran malestar interno. El juguete o la golosina son el detonante para descargar todo lo demás que está reprimido, negado, silenciado... Cuando un niño se enfada y descontrola tanto cuando le decimos «no» a algo, no es solo por ese «no», sino por todos los «noes» que lleva escuchando hace tiempo. Un «no» coherente y razonable validando al niño e informándole respetuosamente de un límite nos puede ayudar a acompañarlo sin tanta frustración. Me explico: al negarle algo a un niño, este lo vive como una negativa a su pulsión vital, a sus deseos, su vida, su ser y su persona, y en ocasiones no puede soportarlo. Es vital no limitar arbitrariamente. A mayor conexión, mayor cooperación.

¿Qué es un pedido desplazado?

Ya hemos hablado de ello al comienzo del libro; ahora toca profundizar en este tema. Como dijimos, los pedidos desplazados suelen ser pedidos emocionales disfrazados o simples toques de atención por necesidades no satisfechas o falta de presencia. Ya sabemos que cuando los niños piden «mucho» de algo (tele, *tablet*, comida, golosinas, juguetes) puede tratarse de un pedido desplazado por falta de mirada, atención y amor, y, en definitiva, por la necesidad de llenar un vacío emocional que les duele. Por tanto, lo que realmente necesita el niño no es la golosina, sino que, al no obtener lo que necesita de verdad (más amor, presencia, juego, contacto, vínculo, libertad de movimiento, mirada de mamá...), pide sucedáneos que le sacian momentáneamente, aunque la necesidad primaria seguirá sin ser atendida o satisfecha. El niño pide algo que sabe que su mamá le puede dar: si le pide atención, mirada y presencia y no las encuentra, aprenderá a pedir de forma desplazada lo que sabe que sí le podrán dar.

Solemos creer que el problema lo tiene el niño, y no nos fijamos en lo que el adulto le hace o le dice al niño, ni en la falta de presencia o atención. El comportamiento de un niño es la manifestación de cómo es tratado y de cómo se siente, y la rabieta tan solo es el colofón de una larga y complicada película. No podremos entender qué le pasa al niño si no somos conscientes del escenario previo que le llevó al malestar, y, sin ese conocimiento, lo etiquetaremos de caprichoso y demandante. Por otro lado, no nos damos cuenta de que en muchas ocasiones somos los adultos los que no tenemos la madurez emocional suficiente para sentir, ver, atender y satisfacer las necesidades de los niños, y de esta forma su desesperación ante esta situación los lleva a manifestarse con rabietas y pedidos desplazados. Algunos incluso ya desisten, se reprimen y se niegan a sí mismos. Olvidan lo que verdaderamente tanto necesitaban y lo mandan a la sombra.

¿Qué podemos hacer entonces? No les vamos a dar todo lo que quieren, ¿verdad? Por supuesto que no, pensaréis algunos. Si atendemos a un niño y lo aceptamos tal y como es sin resistirnos a él desde que es pequeño, le será más fácil entender que algo no puede ser o no lo puede tener. No es lo mismo informar de un límite respetuosamente y validar

> El comportamiento de un niño es la manifestación de cómo es tratado y de cómo se siente.

> No es lo mismo informar de un límite respetuosamente y validar sus emociones que limitar de forma arbitraria con un «no».

sus emociones que limitar de forma arbitraria con un «no» tras otro. No se trata de no limitar, sino de cómo les informamos de los límites realmente necesarios. Tampoco es cuestión de que seamos nosotros quienes tengamos todo el control o de que lo tengan ellos, sino de no hacerles tantas cosas a los niños y de hacer más cosas *con* ellos. Os invito a validar sus emociones y nombrar nuestras necesidades e intentar satisfacer las suyas en la medida de lo posible. Ya hemos comentado que cuando no podemos colmar alguna de sus necesidades, validarlas y nombrarlas también las hace legítimas, pues siente que el adulto los comprende, que está de su lado, quiere satisfacerle y está dispuesto a hacer algo por y para él, pero, desafortunadamente, esta vez no le es posible. Actuando de este modo no hay control ni se ejerce el poder sobre el otro.

Normalmente se producen choques entre las necesidades de los adultos y las de los niños. Es como si no hubiera cabida para dos necesidades o dos deseos distintos al mismo tiempo: o se satisface al adulto o al niño. Hay adultos que lo viven como un «ganar o perder», y si acceden a los deseos o necesidades del niño lo viven como una derrota, un sentimiento que tiene su origen en nuestras propias vivencias infantiles, cuando no fuimos atendidos como legítimamente necesitábamos. Por tanto, todas esas emociones encontradas de impotencia y frustración se nos actualizan cuando alguien, en especial nuestros propios hijos, nos pide que le ofrezcamos algo que no tuvimos (quizá no lo recordemos, pero existe un registro emocional y nuestra actitud confirma este hecho), y entonces es cuando todas esas emociones, por fin, sí pueden salir contra alguien más vulnerable: no vamos a perder de nuevo como cuando éramos niños, ahora descargaremos sobre el otro de forma complemente descontrolada y en ocasiones desproporcionada. Y vuelta a empezar; seguiremos perpetuando el mismo trato hacia la infancia que recibimos una generación más. ¿Realmente quieres continuar forjando esta cadena de desamor, incomprensión, violencia pasiva y abuso emocional o deseas empezar a tomar conciencia de tus movimientos y actuar desde otro lugar más amoroso, respetuoso, amable y pacífico? Recuerda: ¿qué tipo de padres quieres para tus nietos? Los niños necesitan que seamos más cómplices y menos rivales. Hay mucha desconexión emocional y falta de comunicación entre padres e hijos hoy en día y mucha lucha de poder. Tampoco pasamos suficiente tiempo con ellos. Me refiero al tiempo que ellos necesitan, no al que nosotros estamos dispuestos a darles. Les metemos prisa para que crezcan rápido e incluso les robamos gran parte de su infancia. Aún estamos a tiempo para cambiar y mejorar el mundo en una sola generación. Amémoslos más y mejor ahora.

Muchas veces podemos pensar que nuestro hijo es distinto, que nosotros sí le estamos dedicando tiempo y lo queremos y aceptamos y, sin embargo, continúa comportándose del mismo modo. Cada día de mi vida miro a nuestros tres hijos y según se sienten y se comportan sé si estoy o no lo bastante presente y conectada con ellos. Desde luego que no puedo juzgar desde mi sentir si les estoy dando lo suficiente o lo que en verdad necesitan, pero puedo recabar mucha información observándolos: cuando están inquietos, necesitan molestar a otros, se refugian demasiado en las nuevas tecnologías, se quejan con frecuencia, no desean comer ni hablar, es que las cosas no funcionan, ya sea por mí o por su entorno. Su comportamiento es como la lucecita roja del depósito que me avisa de que les falta mi atención y mi amor incondicional para ayudarles a superar lo que sea

> Cuando nos sentimos bien, nos comportamos bien, y, cuando nos sentimos mal, nos comportamos mal.

que les esté pasando. En esos momentos es cuando más ayuda y amor necesitan y más conscientes tendríamos que ser de su malestar, y, sin embargo, es cuando más los rechazamos, criticamos o juzgamos. Seguimos más pendientes de nuestras propias necesidades que de las suyas, y eso tiene un nombre: abuso emocional. Ya hemos comentado anteriormente que, cuando nos sentimos bien, nos comportamos bien, y, cuando nos sentimos mal, nos comportamos mal. Esto es así para los niños y para los adultos. Hay que revisar el vacío emocional y la distancia real que hay entre lo que ellos están necesitando y lo que verdaderamente están obteniendo de nosotros. La falta de intimidad emocional también provoca mucho malestar entre padres e hijos.

Es muy difícil para un niño poder gestionar su propio malestar y la falta de conexión con papá y mamá. Se siente solo, desesperado, confuso y muy perdido. Simplemente lo expresa y nosotros lo nombramos como rabietas, pataletas o berrinches. Eso es discurso engañado. Juzgamos. Como si eso formara parte del diseño humano o fuese una etapa evolutiva de su desarrollo. Esas expresiones son el efecto secundario de un malestar o desconexión que sienten por dentro. Son el síntoma, no el problema. Repito, las rabietas no son una etapa del desarrollo humano, son la manifestación de un malestar interno o de alguna necesidad no satisfecha ni vista.

Un niño feliz, relajado, tranquilo, respetado, aceptado, amado incondicionalmente y valorado no necesita explotar emocionalmente. Se enfada o se frustra, claro está, como a todos nos pasa de vez en cuando, pero, si estamos con él y validamos aquello que le pasa y le acompañamos respetuosamente, podrá

> Los niños no eligen comportarse mal, necesitan comportarse así para hacernos ver lo que no podemos sentir.

gestionarlo. Necesitan que los sostengamos, y no se trata de evitarles todas las situaciones hostiles ni de permitirlo todo, sino, como ya hemos dicho, de cómo lo gestionamos nosotros, de entender el origen de su malestar y aceptar nuestra parte de responsabilidad. Dejemos de pensar que nuestro hijo o hija es distinto de los demás. Los niños no eligen comportarse mal, necesitan comportarse así para hacernos ver, ayudarnos a comprender lo que no podemos sentir.

Hay quienes defienden que los bebés y niños lloran para dar expresión al estrés a modo de descarga por lo que están soportando como si eso fuese algo natural. Que un niño sienta estrés no es natural en absoluto, es que algo está alterando sus niveles hormonales y, por tanto, su nivel de cortisol (hormona del estrés) sube. Repito, que un niño necesite descargarse no es normal. Personalmente, discrepo con este argumento, ya que el estrés se produce por un aumento de adrenalina y cortisol en el cerebro por un gran miedo, malestar o experiencia traumática. Pensar que un niño necesita llorar y patalear para sanarse no es del todo exacto: para sanar o compensar, lo que verdaderamente necesita es amor, contacto, apego, presencia, permanencia, disponibilidad, mirada y escucha, y no solamente llorar. Si llora y patalea es porque sigue sintiéndose mal y quizá esté algo desconectado emocionalmente de mamá y papá.

En el momento en el que explota y expresa, ya se ha producido la carencia emocional, y es entonces cuando necesita poder expresarlo, pero no hay que confundir esto con la forma natural de dar expresión al estrés, pues esa es la manera que tiene un niño de pedir auxilio y amor; es un grito desesperado. Nosotros estamos para sentir, ver, aceptar, ayudar, sanar y transformar lo que siente en ese preciso momento e intentar prevenirlo en un futuro.

¿Qué podemos hacer cuando ya ha estallado? Pues hacer algo por y para ellos justo en ese preciso momento para que se sientan mejor. Cada niño necesitará algo diferente, así que hay que intentar sentir y conocer al niño o adolescente para así saber qué precisa. Llora y patalea porque se siente mal y desconectado, y no por elección, no lo olvidemos. Podemos hacer algo para proporcionar bienestar y paz interna y quizá entonces tal expresión deje de ser necesaria. Incluso bebés que han nacido de partos muy traumáticos, que han tenido que separarse de sus madres para ser intervenidos quirúrgicamente, no han necesitado casi llorar si luego han podido estar piel con piel con su madre (método canguro). Lloran cuando viven la experiencia hostil, mientras la están sintiendo en sus entrañas, no cuando ya ha pasado.

Como ya hemos comentado, somos los adultos quienes necesitamos llorar viejas heridas. Los niños viven el aquí y el ahora. Si, aun así, tomando conciencia de lo dicho anteriormente, no podemos evitarles una explosión emocional, claro está, necesitaremos acompañarlos de la forma más amorosa, sostenedora y respetuosa posible. Con palabras o silencios, caricias, abrazos o disculpas, dependiendo de cada niño y de cada momento o situación. Si les gritamos, castigamos o exigimos que se callen, les provocaremos aún más frustración y, por consiguiente, más malestar. Nuestra mirada debería estar en evitar tales escenas y vivencias. Pensar que son formas naturales de liberación del estrés es un error y nos exime de nuestra responsabilidad.

Es posible el cambio de paradigma si estamos dispuestos a tomar conciencia de verdad sobre qué nos pasa a nosotros cuando nuestros hijos, o niños en general, expresan su malestar o desconexión. Si apartamos la mirada en momentos de malestar y necesidad de expresión emocional (ya no quiero llamarlo rabietas), nos daremos cuenta de que todo se percibe de manera distinta. Preguntémonos de nuevo:

- ¿Qué me pasa cada vez que mi hijo pierde el control?
- ¿Qué pasa en mi interior cuando están en juego mis necesidades y las suyas al mismo tiempo?
- ¿Pudieron mis padres satisfacer las mías?
- ¿Tuve que complacerles en casi todo?
- ¿Tuve en mi niñez toda la atención, la mirada, el respeto, la aceptación o el amor incondicional que necesitaba?

No olvidemos que los niños nos necesitan para satisfacer y cubrir sus necesidades, pero nosotros no deberíamos necesitarles a ellos para satisfacer las nuestras.

Solemos creer que el problema lo tiene el niño. No vemos lo que el adulto le hace o le dice ni la falta de presencia o atención hacia el niño. El comportamiento de un niño es la manifestación de cómo es tratado.

¿Cómo tolera tu hijo la frustración?

Algunos padres y madres nos preguntamos si es realmente necesario «enseñar» a nuestros hijos a gestionar y tolerar la frustración. Hay quienes creen que la vida es dura y que, por tanto, resulta necesario que los niños se den cuenta de ello y cuanto antes mejor. Algunos incluso les provocan situaciones frustrantes para que «se acostumbren». Discrepo rotundamente de tales creencias y actitudes: la vida de un niño no tiene por qué ser dura, ni mucho menos será necesario provocarle situaciones frustrantes para que se vaya acostumbrando a lo que vendrá. Esta forma de pensar nos exime de toda la responsabilidad que nuestros actos, nuestra formar de tratar, hablar y criar a nuestros hijos puedan tener sobre ellos. Con el pretexto de que es por su propio bien, les infligimos malestar.

Los niños necesitan sentirse seguros y amados incondicionalmente. Todo lo que les pueda acontecer lo podrán gestionar mucho mejor en la medida en que se hayan sentido emocionalmente seguros. Lo más importante, a mi entender, para que puedan gestionar y tolerar su frustración es que sepan que su madre o algún otro adulto está de su lado ayudándole, apoyándole, sin juzgarle ni criticarle.

Un niño empoderado, seguro y feliz podrá, sin duda, gestionar mucho mejor las situaciones frustrantes naturales de la vida misma. Y por naturales me refiero a las limitaciones y consecuencias de sus actos, capacidades, habilidades o las experiencias ajenas vividas. Me explico: ¿por qué necesitamos crear situaciones frustrantes artificiales (provocadas por nosotros) cuando la frustración y el instinto de superación es algo inherente al diseño humano?

Cuando un niño aprende a andar, por ejemplo, se va dando cuenta de sus propias limitaciones y capacidades. Si se les deja explorar a su ritmo y los acompañamos amorosamente, veremos que se levantan del suelo una y otra vez con ilusión. Cuando un día llueve, saben que no será posible salir en bici. Cuando pasan de las ocho y media de la tarde, saben que las tiendas estarán cerradas hasta el día siguiente. Cuando quieren hacer una torre y se les cae una y otra vez, experimentan cómo uno se siente cuando no consigue hacer aquello que desea o se propone. Cuando son adolescentes se dan cuenta de que no todos somos iguales ni nos gusta lo mismo...

> Situaciones frustrantes tendrán a lo largo de su vida, aunque no hagamos nada por provocarlas o, por el contrario, a pesar de todo lo que hagamos por evitárselas.

Situaciones frustrantes tendrán a lo largo de su vida, aunque no hagamos nada por provocarlas o, por el contrario, a pesar de todo lo que hagamos por evitárselas. Así pues, no es necesario prepararlos para el futuro, pues este llegará y su madurez emocional y seguridad interna serán cruciales para poder sobrellevar los momentos menos felices o las vivencias más hostiles y frustrantes.

Nuestra mirada y energía deberían estar más centradas en hacerles felices y en que se sientan amados y valorados por nosotros con nuestra atención y presencia para que se sientan seguros y empoderados. Repito: la seguridad interna es la principal herramienta y habilidad emocional para poder superarlo todo en esta vida. Posteriormente, siendo adolescentes, ya estarán preparados para poder hacer frente a todo tipo de situaciones y si además ha habido suficiente intimidad emocional en casa, podrán venir a nosotros en caso de necesidad.

No hay experiencia más frustrante para la vivencia real infantil que sentir que las personas que se supone que nos deberían amar incondicionalmente y nos tendrían que proteger y ayudar nos hacen pasarlo mal con el pretexto de que es por nuestro bien.

Ejercer el poder sobre nuestros hijos es una experiencia verdaderamente frustrante para ellos, y ese sentimiento les puede llegar a acompañar el resto de su vida. Y es que ese sentir SÍ le imposibilitará tolerar las situaciones frustrantes, pues, al no poder expresar ni gestionar toda esa rabia interna, lo único que podrá hacer será reprimirla, negarla e incluso ignorarla, y posteriormente necesitará actualizarse (salir/explotar) contra alguien más débil. Las emociones reprimidas no desaparecen, se quedan almacenadas en nuestro cuerpo. Sentir no hace daño a nadie. Lo que nos lastima son nuestras reacciones emocionales automáticas descontroladas y desproporcionadas. A mayor represión, mayor explosión.

Son las reacciones emocionales y las emociones reprimidas por situaciones frustrantes provocadas por el adulto lo que nos hace pensar que necesitan acostumbrarse, pero, en realidad, no es así, ya que lo que a un niño le cuesta tolerar no son las situaciones frustrantes en sí, sino el hecho de que su padre o madre se las provoque y no le ayude ni acompañe ni comprenda. El problema no es que el niño no sepa gestionar la frustración, sino que muestre malestar por cómo es tratado.

¿Qué entendemos por tener tolerancia a la frustración? Que aceptemos situaciones injustas, que no nos quejemos, que no nos defendamos, que no mostremos nuestro malestar o más bien que ni siquiera lo sintamos... Eso sería estar sometido al deseo del otro. Frustrarse es natural y acompañando amorosamente las frustraciones de nuestros hijos les ayudaremos a comprenderse mejor.

Cuántas veces hemos visto a adultos decirles a los niños: «Tú no sabes, tú no puedes, déjame a mí, te vas a caer...». Con esa presión y falta de confianza del adulto, el niño efectivamente duda y quizá no pueda, y entonces debe oír: «Ves, ya te lo había dicho yo...». No hay nada más frustrante para un niño que ver que sus padres no confían en él y encima lo sentencian con este tipo de frases. Eso sí es realmente frustrante.

Aun sabiendo que no siempre podrán hacer lo que se proponen, ya que querer o desear hacer algo no es suficiente para poder conseguirlo, sería de gran ayuda estar a su lado por si nos necesitan y decir, por ejemplo: «Cariño, me quedo aquí a tu lado por si me necesitas», o: «Veo qué quieres hacer..., aquí estoy para ayudar si lo deseas». Eso le dará seguridad y si, en efecto, no puede hacer lo que se proponía, lo gestionará mucho mejor sabiendo que no es juzgado ni criticado por mamá o papá con un: «Ves como no puedes, ya te lo decía yo...». No se frustrará, sino que más bien aprenderá de sus propias limitaciones y sabrá pedir ayuda, no le dará vergüenza, aprenderá que aún no puede, pero que algún día lo conseguirá. Y ese sentir no es frustrante, sino motivador.

> Aprenderá de sus limitaciones y sabrá pedir ayuda.

El hecho de que sientan motivación o frustración dependerá principalmente de cómo los veamos, acompañemos y sobre todo de lo que les digamos.

¿Recuerdas situaciones frustrantes de tu propia infancia? ¿Qué te frustraba más, no poder hacer o conseguir algo, o cómo los adultos te trataban en esas situaciones? ¿Cómo gestionas y toleras la frustración siendo adulto? Tu ejemplo es vital. ¿Qué ven en ti tus hijos? ¿Un padre o una madre colérica, enfadada, descontrolada o alguien tolerante, amoroso, respetuoso, paciente que sabe aprender de los errores y situaciones hostiles? ¿Cómo reaccionas tú cuando tu hijo se frustra? ¿Eres constante y paciente y das ejemplo de perseverancia o abandonas enseguida?

Situaciones frustrantes tendrán a lo largo de su vida, aunque no hagamos nada por provocarlas o, por el contrario, a pesar de todo lo que hagamos por evitárselas.

No es necesario prepararlos para el futuro. El futuro llegará y su madurez emocional y seguridad interna serán cruciales para poder sobrellevar los momentos menos felices o las vivencias hostiles y frustrantes.

¿Cómo podemos empoderar a nuestros hijos en momentos de conflicto?

Muchas veces hemos podido ver cómo un simple comentario o un desacuerdo entre amigos o hermanos ha causado mucho dolor a un niño. La manera en que los adultos actuamos, reaccionamos y gestionamos nuestras propias emociones influye mucho en el bienestar de los niños y en su comportamiento. Nuestra actitud en este sentido es crucial, independientemente de lo «sensible» que cada niño o niña pueda ser.

Hace algunos años, cuando nuestros hijos aún eran pequeños, solía decirles que había ciertas palabras que yo llamaba «palabras piedra», de esas que duelen cuando nos las dicen y cuando las decimos. Más tarde, después de haber reflexionado mucho sobre este tema y de haber observado el comportamiento, no solamente de nuestros hijos, sino de muchos otros niños, y de hablarlo con otros profesionales y más mamás y papás, llegue a la siguiente conclusión: las palabras solo tienen el poder que nosotros les queramos dar.

Pondré un ejemplo y dos formas distintas de actuar y verlo. A ver qué sucede en cada uno.

María, una niña de siete años, lleva su vestido preferido, que es precioso según ella. Mientras está jugando con sus amigos, uno le dice que no le gusta el vestido y otro añade que es muy feo, y los dos se ríen. La niña se pone a llorar. La madre de la niña ve lo que ha ocurrido y, cuando se está acercando a ella, el padre viene y pregunta: «¿Qué ha pasado?». A lo que la madre responde: «Es que se han reído de ella y le han dicho que su vestido es feo, ya sabes lo mucho que a ella le gusta y por eso está llorando y triste».

¿Qué mensaje hay detrás de la actitud de la madre? ¿Qué entiende y aprende la niña? Aprende que lo que otro piense, opine o diga de nosotros es más importante que lo que uno piensa o siente de sí mismo, que la opinión de los demás prevalece sobre la nuestra y que los demás tienen el poder de hacernos sentir mal o bien. Con esta forma de actuar, centramos toda la atención en lo que los demás (en este caso los dos niños) han hecho o dicho, y no en cómo la niña se siente. El mensaje que le llega a la niña es que son los dos niños los que han hecho que ella se sienta mal. Hay una víctima y unos culpables.

> El mensaje que llega a la niña es que son los demás niños los que han hecho que ella se sienta mal. Hay una víctima y unos culpables.

Veamos ahora cómo podríamos darle la vuelta a esta situación. Cuando la niña empieza a llorar, la madre se acerca a la niña y la abraza sin decir nada, acompaña y valida su sentir. Cuando el padre pregunta: «¿Qué ha pasado?», la madre solo se limita a validar lo que la niña siente (eso es lo importante y no lo que los demás han hecho o dicho) y dice: «María está triste. A María le gusta mucho su vestido. A ella le gustaría que a todo el mundo le gustase como le gusta a ella, pero no a todos nos gustan las mismas cosas, ¿verdad?». A lo que el padre añade: «Sí, a veces ocurre eso... ¿Recuerdas lo mucho que le gusta a Juan su serpiente y lo poco que te gusta a ti? A todos nos gustan cosas distintas. A ti te parece precioso este vestido, ¿verdad? Aunque a ellos no les guste, sigue siendo precioso para ti».

En este caso, la atención está en lo que María siente y no en lo que los demás han dicho de su vestido. Eso no es lo verdaderamente importante, lo importante es lo que ELLA piense de su vestido o de sí misma, y lo que opinen los demás no debería influir en lo que nosotros creemos. En este caso no hay víctima ni culpable: su vestido sigue siendo precioso a los ojos de ella. De este modo, fortalecemos a nuestros hijos y no damos tanta importancia a lo que los demás digan o piensen.

Esta actitud les da poder y los fortalece. Su criterio y lo que opinen no debería depender del criterio y opinión de los demás, ni tan siquiera del nuestro. Si, como padres, no damos tanta importancia a lo que los demás puedan opinar de nosotros o de nuestros hijos, les estaremos dando herramientas y un maravilloso ejemplo para seguir sintiéndose seguros y con ello fortalecer su autoestima. Cuando valoramos mucho lo que los demás piensan o dicen de nosotros o de nuestros hijos, les estamos enseñando, inconscientemente, a buscar aprobación fuera de sí mismos. Sería fantástico que en un futuro a nadie le pudiera hacer daño lo que los demás piensen o digan y seguir siendo nosotros mismos.

Para empoderarlos interiormente y para que puedan sentirse más seguros de sí mismos, será de vital importancia que nosotros también respetemos sus opiniones, sus preferencias y sobre todo sus intereses sin juzgarlos, criticarlos ni querer cambiarlos. De nada nos servirá decirles que lo que los demás digan o piensen no importa si no validamos ni respetamos sus gustos dando ejemplo.

En nuestras manos está darles ese poder o arrebatárselo. Es muy doloroso ver que nuestro hijo llora o lo pasa mal y, en muchas ocasiones, lo más fácil es defenderlos y culpabilizar a los demás de su pena. No obstante, si tomamos consciencia, eso no les ayuda demasiado, sino que los deja más vulnerables y necesitados de nuestra aprobación y de la de los demás.

Situaciones en las que un niño tiene la necesidad de herir o hacer daño a otro, sea física o emocionalmente, también podemos manejarlas de tal forma que nuestro hijo salga reforzado sin la necesidad de criticar ni juzgar al otro, sino comprendiéndolo, validándolo e incluso ayudándolo. La empatía y la compasión en estos casos es imprescindible. Si somos empáticos sabremos tomar mejores decisiones: intentemos ver los motivos reales por los cuales un niño «necesita» hacer daño a otro, qué necesidad cubre haciéndolo, qué pide, qué le falta, de dónde le viene todo este malestar interno..., y entonces seremos más fuertes a la hora de manejar nuestras emociones.

Nuestros hijos también necesitan ser capaces de ver que no todos los niños están en igualdad de condiciones y que algunos se comportan «así» por varios motivos, pero siempre válidos, aunque su actitud no nos guste. Hay algo que les provoca actuar de ese modo agresivo. Lo esencial sería buscar la causa. Ningún niño que se sienta suficientemente respetado, escuchado y amado necesitará dañar a otro.

Este enfoque puede ayudar a nuestros hijos a ser compasivos y empáticos con los niños que no les traten como a ellos les gustaría. En vez de verse ellos mismos como la víctima, pueden darle la vuelta y ver al agresor como la víctima de su propio malestar, que está solo y que simplemente no sabe ni puede hacerlo mejor. Necesita la ayuda de sus padres o demás adultos. Pero, para que un niño pueda dar ese enfoque, es imprescindible que nosotros lo veamos y sintamos de esa forma, y que les mostremos ese modelo y ese camino. Si somos nosotros quienes culpamos a los demás de nuestro malestar y no podemos ni sabemos gestionar nuestras propias emociones ni nos responsabilizamos de nuestros actos, poco podremos empoderar a nuestros hijos.

Ahora quiero centrarme en cómo los podemos empoderar para que sus vivencias les afecten menos y sepan gestionarlas mejor. En vez de querer cambiar al otro niño, podemos cambiar la forma en que vemos y vivimos las experiencias, por lo que dejarán de afectarnos del modo en que lo hacen. Cuando estamos empoderados, el comportamiento de los demás ya no nos afecta del mismo modo y, así, la necesidad de que el otro cambie deja de tener fuerza. Podemos elegir cómo deseamos sentirnos y responsabilizarnos. No olvidemos que lo que más nos molesta no es lo que el otro hace o dice, sino los juicios que nosotros emitimos sobre esto.

> Cuando confiamos en el poder de resolución de nuestros hijos, entonces son capaces de encontrar mejores soluciones.

Cuando un niño se siente seguro, respetado, capaz, tenido en cuenta y libre de nuestras expectativas, puede gestionar mucho mejor sus emociones y los conflictos con los demás. Hay veces que nos precipitamos a la hora de querer, evitar, solucionar los conflictos, o simplemente nos adelantamos a los acontecimientos. Nuestras emociones pueden llegar a entorpecer la habilidad de actuar empoderados. Muchas veces no les dejamos expresarse emocionalmente, y esa actitud puede interferir en la toma de decisiones y en el poder de resolución.

Cuando un niño pega, insulta o empuja a otro es por algún motivo. Evidentemente, no nos gusta presenciar cómo pegan a nuestro hijo, y mucho menos ver cómo el nuestro pega a otro. Pero, si esto ocurre, lo primero que debemos hacer es validar a ambos. La verdad no es que haya un agresor y una víctima solamente, sino que ambos son víctimas en realidad: uno del golpe y el otro del gran malestar que le ha «provocado» necesitar pegar. Les podríamos preguntar, por ejemplo: «¿Qué te ha pasado para sentirte tan enfado?», «debes de sentirte muy frustrado para sentir la necesidad de pegar», «vaya, mira al otro niño, ¿cómo crees que se siente ahora?», «¿qué puedo hacer por ti para que te sientas mejor?», «¿qué podríamos decirle a tu amigo para que él también se sienta mejor?».

Si partimos de la base de que nadie que se sienta en armonía, en paz y feliz haría daño a otra persona, podremos comprender más y mejor la actitud del «agresor», sea nuestro hijo o el hijo de otro.

Hablar de sentimientos o emociones con niños muy pequeños no suele ser la mejor forma de validarlos, pues les es más fácil entender y conectar con los hechos directamente. Imaginemos a un niño de tres o cuatro años enfadado y frustrado debido a que se tiene que ir de un sitio porque cierran, por ejemplo. Su madre podría decirle: «Te querías quedar más, ¿verdad?», «no querías irte todavía, te lo estabas pasando muy bien...». Cuando nuestros hijos eran pequeños solía describir más los hechos y no tanto sus emociones. Pasada la primera infancia, después de los seis o siete años, ya empiezan a poder comprender y nombrar más cada emoción. Ellos simplemente sienten; darle nombre es algo que les puede ayudar un poco más adelante. Si validamos a los niños desde pequeños, serán ellos mismos quienes pondrán palabras a sus propias reacciones emocionales. Por poneros un ejemplo, un día nuestra hija mayor, nacida en 2005, después de gritarle a su hermano, nos dijo: «Es que estoy tan cansada y frustrada que no puedo hablarle de otro modo, necesito gritarle».

Cuando pensamos que el «agresor» es malo y la «víctima» es buena, les estamos enseñando que los demás nos pueden hacer daño con una simple palabra, opinión, mirada o gesto. Cuando validamos a ambos niños («no te ha gustado que te

> Después de los seis o siete años, ya empiezan a poder comprender y nombrar más cada emoción.

dijera/hiciera eso, ¿verdad?», «te debes de sentir muy mal para haberle dicho/hecho esto, ¿verdad?»), pueden ver que detrás de toda actitud hay un motivo, algo que causa malestar. Normalmente suele ser una necesidad no satisfecha, reacciones emocionales a estados de ánimo no armoniosos. Querer cambiar solamente el comportamiento de un niño no es la mejor opción, lo que podemos hacer es intentar cambiar lo que siente y ayudarle a sentirse mejor. Cuando se sienta mejor, también podrá actuar mejor. Entonces, como efecto secundario, su comportamiento también será más armonioso.

Muchos adultos culpamos al otro de nuestro malestar y queremos que se sienta mal o culpable por lo que nos ha hecho. Al actuar así nos sentimos víctimas, y vemos al otro como agresor. Repito: lo que nos enfada no es lo que el otro nos hace o nos dice, sino lo que elegimos pensar sobre lo que la otra persona ha dicho o hecho. Y lo cierto es que no quiero darles a mis hijos ese modelo, no quiero que piensen que su felicidad depende de cómo los demás los traten. Una persona puede seguir sintiéndose en armonía aunque la traten mal. La clave está en saber ver que es al otro a quien le pasa algo y por eso hace lo que hace. Podemos decidir seguir relacionándonos con esa persona o dejar de verla, pero lo más importante es responsabilizarnos de lo que nos pasa a nosotros. Si alguien nos hace sentir mal con frecuencia, podemos revisar por qué seguimos permitiendo este trato o qué podríamos hacer para dejar de estar con esta persona. Los demás nos pueden herir si les damos cierto «permiso».

Esta empatía, compasión y validación es lo que puede cambiar la forma en que nos relacionamos los unos con los otros. Saber y poder decirles a los demás cómo nos sentimos cuando nos hacen o dicen «eso» también ayuda a mejorar nuestras relaciones.

Imaginemos una familia con dos hijas mayores y un hermano más pequeño. Si empoderamos a las dos hijas validándolas y dándoles presencia y atención de calidad, les será más fácil gestionar los conflictos entre ellas y su hermano cuando él las moleste por estar aburrido, sentirse solo, tener hambre, sentir calor o estar cansado. Él simplemente reacciona emocionalmente a su estado de ánimo, malestar, necesidad no cubierta o a la desconexión y falta de presencia. Si ellas pueden entender que él hace/dice «eso» porque tiene sueño y está cansado o le falta la presencia de mamá, no se lo tomarán de un modo tan personal y lo podrán gestionar mejor, e incluso podrán ayudarle, ya que saben que es algo suyo y no de ellas.

Cuando su necesidad sea satisfecha, él podrá recuperar su equilibrio emocional, simplemente sentirse validado y tenido en cuenta por ellas y por nosotros. Si primero prestamos atención a nuestras emociones («¿qué me pasa cuando veo a mi hijo hacer o decir tal cosa?»), entonces nos será más fácil poder atender las emociones y reacciones de nuestros hijos. La mayoría de las veces son las nuestras las que se entrometen entre ellos y sus conflictos, pues, cuando damos por sentado que uno es el agresor y el otro la víctima, se victimizan o se creen el rol del agresor, son fieles a esos personajes que nosotros nombramos. Y entonces solemos escuchar: «Mamá, es que X me ha dicho Z y me ha pegado/empujado». Si vamos corriendo en plan juez a salvarlos, estaremos instaurando un modelo. ¿Qué pasaría si les preguntásemos?: «¿Necesitáis ayuda?, ¿va todo bien?, parece que alguien se siente mal, ¿verdad? ¿Hay algo que yo pueda hacer por vosotros? Quizá lleváis demasiado tiempo solos. Parece que hay hambre y poca paciencia ahora».

Podríamos decir muchas cosas distintas. Lo que quiero recalcar es el hecho de no victimizar ni culpar. Las emociones interfieren en la resolución de conflictos.

A veces la mejor validación puede ser simplemente el silencio junto con nuestra compañía y presencia. Con silencio no me refiero a indiferencia ni desatención. Hay sentimientos que al validarlos en público nos pueden generar vergüenza, timidez o miedo. Imaginemos, por ejemplo, a un niño que no ha podido o querido hacer algo que sus amigos sí han hecho (subirse a un árbol muy alto, bajar una pendiente en patinete...) porque a él le da respeto o miedo. Decir en voz alta delante de los demás: «Veo que tienes miedo y no te atreves/puedes hacer esto» no sería la mejor forma de validar y empatizar con él, ¿cierto? No le empoderaría, más bien todo lo contrario. Quizá el simple hecho de estar allí con él mientras espera a los demás sería suficiente. En situaciones de miedo o vergüenza, el silencio y nuestra presencia (sin intenciones ni presiones) pueden ser nuestros mejores aliados. Recuerdo una ocasión en que a Ainara, nuestra hija mayor, le ocurrió algo parecido y, cuando alguien hizo un comentario sobre su miedo o falta de confianza, ella simplemente dijo: «Es que aún no estoy preparada para hacer esto. Cuando pueda ya lo haré». Admito que ese día me sentí herida al oír el comentario de ese niño, en cambio mi hija no. Ella sabía sus limitaciones (nunca la hemos forzado a hacer algo para lo que no estuviera preparada, hemos sabido esperar y acompañar sin presionar), se sentía empoderada y segura de sí misma porque, además, yo estaba allí con ella. Lo que sentí tenía que ver conmigo y con lo que yo había conectado de mi propia historia personal (muy distinta a lo que nuestros hijos estaban viviendo) y no con las palabras de ese niño.

Cuando un niño se siente seguro es capaz de empatizar con el otro y le puede decir: «Esto que me has hecho/dicho no me

> A veces la mejor validación puede ser simplemente el silencio junto con nuestra compañía y presencia.

gusta, te pido que no me lo vuelvas a hacer, por favor», el otro no necesita ponerse a la defensiva y suele dejar de tener motivo para seguir haciéndolo, pero si el otro reacciona emocionalmente a lo que el primero le hizo, ya tenemos el conflicto instaurado.

A veces intervenimos antes de tiempo e incluso nos sentimos peor que nuestros hijos, como me ocurrió a mí ese día. Les proyectamos nuestro estado de ánimo emocional, nuestras carencias y nuestros miedos, ya que no nos responsabilizamos de lo que nos pasa. Lo que sentimos es nuestro y no de ellos. A mí, en ocasiones, me ha molestado mucho algo que les han hecho/dicho a mis hijos o algo que mis hijos han hecho/dicho a otros, pero en cambio a ellos parecía no molestarles tanto. Cuando agreden a nuestros hijos, nuestra niña interior se despierta y empieza a dominar la situación. Es como que, al agredir a nuestros hijos, a su vez agreden a nuestra niña interior. Conectamos con heridas pasadas. Sufrimos por y conectamos con el niño (solo, inseguro, vulnerable...) que fuimos y, a través de él, reacciona el adulto que ahora somos. Nuestro niño interior herido puede llegar a dominar nuestra vida en muchas ocasiones a través de nuestras reacciones emocionales automáticas, juicios, criticas, quejas, miedos, inseguridades...

> Buscar una solución en vez de quedarnos enganchados en el problema.

También ayuda mucho más poner nuestra atención en buscar una solución en vez de quedarnos enganchados en el problema. Invito a poner un 10% de nuestra atención en este y el 90% de nuestra energía en encontrar una solución. En momentos de conflicto, solemos preguntar sin pensar: «¿Qué ha pasado?, ¿quién ha sido?, ¿quién empezó?». Estas preguntas no les ayudan a resolver el desacuerdo, más bien los hacen quedarse en el mismo sitio, heridos, tristes y con miedo a decir la verdad. Por el contrario, poner nuestra mirada en la solución o gestión y pedirles ayuda los empoderará (tendrán herramientas emocionales) para la próxima vez que se encuentren en una situación conflictiva parecida. Y, si alguien culpa a otro, uno de los niños puede incluso hacer de mediador. Como padres hemos sido testigos de esta situación en muchas ocasiones. Veamos algún ejemplo de qué podríamos decirles o preguntarles: «¿Qué podríamos hacer ahora para que todos estemos mejor?», «¿cómo se podría solucionar esto?», «¿os puedo ayudar en algo?, ¿qué necesitas ahora mismo?».

Recuerdo un día concreto en que mi hijo se vio en medio de un conflicto entre varios niños y él fue quien empezó a preguntarles cómo se habían sentido y qué necesitaba cada uno. Hay veces que cuando se produce un conflicto lo llaman a él para poder dar otra mirada al asunto, pues ven que con su ayuda lo resuelven mejor. No suele juzgar, sino ver qué les mueve a actuar de este modo. Esto lo aprenden de los adultos. Si nosotros les juzgamos y castigamos o criticamos, eso es lo que aprenderán a hacer. Confiemos en ellos y démosles un buen modelo y ofrezcámosles la oportunidad de poder resolver sus propios conflictos más creativamente.

Los adultos también solemos usar palabras o frases como: «Ya estáis otra vez, es que siempre estáis igual, no puedo más, he dicho que pares, no se pega, no se insulta...». Cuando le decimos a un niño «no» arbitrariamente, le estamos comunicando que no lo aceptamos, que no nos gusta y que está equivocado. Le rechazamos. No olvidemos que lo que no nos gusta o rechazamos es la conducta y no la persona en sí. Es vital diferenciar entre lo que hacen y lo que son. Podemos fomentar principios y valores (al final del libro hablaré en profundidad sobre este tema) y dejar de imponer tantas reglas, normas, límites o prohibiciones. En vez de decir: «No se pega», invito a decir: «Nosotros nos tratamos con respeto», o: «A los demás les gusta que los traten con cariño». Cuando rompen algo o tiran algo, también solemos decirles sin pensar: «¿Qué culpa tiene la silla, el muñeco?... ¿Por qué lo has tirado/roto?». Claro que ni el muñeco ni la silla tienen la culpa de nada, pero ¿y si la tuvieran? ¿Entonces sí podrían darle un golpe o tirarla? Con este ejemplo quiero enfatizar en el hecho de que algún día alguien sí puede ser el responsable de que nos caigamos, por lo que entonces, como tiene «la culpa» (aunque haya sido por accidente), podremos hacerle daño o romperlo. Hablando de este modo, les enseñamos lo que es la venganza. Insultamos, pegamos, criticamos, rechazamos y castigamos por venganza cuando alguien hace algo que nos molesta.

También me gustaría mencionar que algunos enfados o reacciones emocionales automáticas violentas pueden ser expresiones y actualizaciones de heridas emocionales pasadas no sanadas, no resueltas ni validadas. Cuando se han reprimido emociones intensas y dolorosas por miedo a las consecuencias, por estar y sentirse solos, por necesidades no satisfechas, por maltratos o abusos, pueden salir descontroladamente, en cualquier momento y de cualquier forma. Esto no solo les ocurre a los niños, sino a los adultos también, pero no siempre somos conscientes de ello. En estos casos necesitaremos tomar mucha conciencia del verdadero escenario del niño y revisar nuestra propia historia personal, y muy probablemente en algunas ocasiones incluso necesitaremos de ayuda externa.

Por último, me gustaría hablar de la importancia de proteger, defender y dar voz a nuestros hijos en situaciones verdaderamente hostiles o violentas que puedan tener lugar con otros adultos. No me refiero a conflictos solamente, sino a violencia activa o pasiva. Es esencial que nuestros hijos estén protegidos física y emocionalmente, deben saber que, cuando un adulto es injusto o irrespetuoso con ellos o les maltrata, nosotros estamos para defenderlos, protegerlos y darles voz. No es lo mismo que dos niños tengan conflictos entre ellos que el que un adulto abuse emocional, verbal o físicamente de un niño.

He visto muchos casos de abuso verbal contra niños, por parte de sus entrenadores, en partidos de fútbol, por ejemplo, y ningún adulto ha dicho nada. Ni los propios padres salen en defensa de un trato más digno y respetuoso para sus hijos. Y nada tiene que ver entrenar, ganar y jugar con los insultos, las amenazas, los gritos, las humillaciones o el enfado.

Otro ejemplo sería el de un padre o una madre que pega, un tío que insulta o humilla, una abuela que obliga, manipula, castiga o amenaza, un profesor que amenaza, castiga o intenta abusar... Algún día nuestros hijos pueden experimentar alguna vivencia hostil fuera del ámbito del hogar y necesitarán de nuestra protección para «salvarlos» emocionalmente de cualquier consecuencia o posterior contratiempo. Es vital que les demos voz ante los demás tanto si hay violencia activa (gritos, pegar, insultar...) como pasiva (desprecios, castigos, rechazos...), pues quedarnos callados cuando alguien le falta al respeto a nuestro hijo es abandonarlo y entregarlo. Silenciar, minimizar, normalizar o incluso negar un hecho violento u hostil es traicionarle. Si nosotros, siendo sus padres, les

> *Algún día nuestros hijos pueden experimentar alguna vivencia hostil fuera del ámbito del hogar y necesitarán de nuestra protección.*

fallamos y no les protegemos, estarán perdidos y vulnerables para el resto de sus vidas. Un niño puede llegar a pensar: «Si mi madre no me defiende ni me protege ante una situación así, es que no valgo, no soy importante ni merezco lo suficiente». Puede que algún día sufran *bullying* escolar o laboral, y siendo adolescentes o jóvenes adultos no tendrán la seguridad ni la madurez emocional suficientes para poder defenderse ni evitar que los sometan si antes no han visto que alguien ha estado de su lado. A algunos padres nos costará mucho dar voz a nuestros propios hijos (en momentos de tensión) delante de otros adultos, ya que de niños no la tuvimos y creemos que no podemos hacerlo. Pensamos que no podemos anteponer un niño a un adulto, aunque este sea violento, desagradable o irrespetuoso, nos sentiremos inseguros, como cuando éramos niños. Pensaremos que lo que está pasando no es justo o no nos gusta, o incluso nos podrá molestar mucho «por dentro», pero no diremos nada, no podremos, porque algo nos bloquea. O, en el peor de los casos, si comentamos algo será en forma de juicio, crítica y queja una vez en casa, cuando ya haya pasado todo, pero no en el momento justo en que los niños realmente lo hayan necesitado. Puede, incluso, que nos preocupe más lo que los demás piensen que lo que nuestro hijo o demás niños sienten, necesitan y esperan de nosotros.

Los conflictos nos hacen aprender cosas de nosotros mismos y de los demás, pues nos permiten observarnos a nosotros y a los demás en este tipo de situaciones. Para poder acompañar a mis hijos de este modo, tuve que revisar y resolver bastantes cosas de mi propia infancia y hacer primero el cambio en mí misma. Si los adultos nos relacionamos desde el enfado, la crítica, el juicio, la queja y nos sentimos víctimas o agresores, poco podremos hacer de modelo para empoderar y ayudar a nuestros hijos. Ser madre me ha hecho querer ser mejor persona y darme cuenta de qué me pasa realmente a mí cuando a mis hijos les acontecen cosas y poder responsabilizarme de ello.

Para empoderarlos y para que puedan sentirse seguros emocionalmente, será de vital importancia que nosotros también respetemos sus opiniones, sus preferencias y sobre todo sus intereses sin juzgarlos, criticarlos ni querer cambiarlos. De nada nos servirá comunicarles que lo que los demás digan o piensen no importa si nosotros no validamos ni respetamos sus gustos dando ejemplo.

Relación entre hermanos

Las relaciones íntimas, amorosas, respetuosas y pacíficas entre hermanos o, por el contrario, las conflictivas, competitivas y agresivas dependerán de varios factores, pero principalmente de la mirada y presencia que cada hijo haya recibido o esté recibiendo de su madre.

Muchos conflictos entre hermanos se deben a comparaciones, preferencias, discursos engañados, carencias afectivas, expectativas, falta de presencia o de exclusividad (tiempo de calidad) por parte de mamá y papá. La manera en que nuestros padres, principalmente mamá, nos hayan hablado, etiquetado y tratado dejará huella, no solamente en nosotros, sino también en nuestra actual y futura relación entre nuestros hermanos y demás adultos.

En muchas familias, mamá suele ser el nexo entre hermanos y demás familiares; no obstante, también puede ser quien más distancia ponga entre ellos por cómo actúa y habla, pues su actitud y su discurso es lo que

> Muchos conflictos entre hermanos se deben a comparaciones, preferencias, discursos engañados, carencias afectivas, expectativas, falta de presencia o de exclusividad (tiempo de calidad) por parte de mamá y papá.

provoca el distanciamiento, la necesidad de aprobación, aunque muchos no seamos realmente conscientes de ello. Esa distancia y la falta de intimidad emocional nos podrá acompañar y afectar el resto de nuestra vida adulta (a menos que tomemos conciencia de ello), dejándonos en lugares tan alejados los unos de los otros que nos será muy difícil mantener relaciones cercanas, sinceras, íntimas y sanas con nuestros hermanos. Y esto se refleja también en la relación que tenemos con nuestro padre, para nuestros valores y principios, en cómo nos relacionamos con las demás personas, en nuestra seguridad y autoestima y, por último, en cómo nos vemos y nos valoramos. La imagen que crearemos de nosotros mismos será a través de la lente de nuestra madre; lo que nombra de nosotros y de las demás personas será la verdad cuando somos niños. Y aunque eso que mamá nombre esté muy alejado de nuestra verdadera vivencia infantil podemos llegar a creerla, defenderla e identificarnos con ella el resto de nuestras vidas. Lo que nuestros padres han nombrado de nosotros formará parte de nuestra voz interior.

Si a menudo nos quejamos, juzgamos y criticamos el comportamiento de un hijo, estaremos también influyendo y lastimando la relación entre los demás miembros de la familia, ya que lo verán y le tratarán a través de nuestro discurso engañado. La manera en la que los adultos tratemos y hablemos a nuestros hijos individualmente será el modelo a seguir por los demás hermanos.

Todos nuestros hijos necesitan, y por tanto buscarán la forma de obtener, nuestro amor, mirada, presencia, valoración y aceptación. En muchas familias hay polaridad entre hermanos: está, por ejemplo, el hijo tranquilo, que da pocos problemas, el estudioso y obediente. En ocasiones este es el más adaptado o sometido a los deseos, necesidades y expectativas de mamá o papá, es el más leal y el que está más alineado a los deseos de su madre, y el que más desconectado o reprimido está de su verdadero ser esencial: el precio que debe pagar por obtener más mirada y reconocimiento de mamá es no poder llegar a convertirse en quien verdaderamente vino a ser y tendrá que ser como mamá o papá desean, para no decepcionar, enfadar ni molestar. Negará su verdadero ser. Por otro lado, encontramos al hermano que no se adapta tanto a esta situación (abuso emocional) y se rebela y se enfada. Suele traer más problemas por su conducta inconformista y nada sumisa, no tolera ni acepta el trato que recibe y lo manifiesta, y, por lo tanto, está más conectado con sus verdaderas necesidades y las expresa, defiende y pide. Es capaz de escuchar más y mejor a su propio ser esencial, por lo que no tolera ni acepta ni se somete al abuso emocional, la violencia activa o pasiva, los castigos, insultos, discursos engañados... No poder ser él mismo le duele demasiado. No olvidemos que la máxima expresión de autoestima es saber reconocer e identificar nuestras necesidades, defenderlas y pedirlas.

La realidad es que estos dos hermanos son las dos caras de la misma moneda. Uno se adapta, reprime y anestesia emocionalmente para recibir más mirada y el otro, más conectado consigo mismo, se rebela por la falta de aceptación y amor incondicional. Entre estos hermanos habrá conflictos, ya que los dos estarán rivalizando de manera desesperada por el amor, la mirada, la aceptación y aprobación de sus padres. Si supiéramos amar individual e incondicionalmente a cada hijo por quien ya es, les evitaríamos muchos conflictos y les permitiríamos dar lo mejor de sí mismos.

En muchas ocasiones se nombran los celos entre hermanos como los responsables de muchos de sus conflictos. Sin embargo, los

> Los celos no dejan de ser una creencia cultural y social para justificar la carencia afectiva.

celos no dejan de ser una creencia cultural y social para justificar la carencia afectiva, la falta de presencia y atención, la no satisfacción de necesidades y la falta de exclusividad por parte de mamá y papá. Los niños luchan desesperadamente por ser amados.

¿Qué son los celos exactamente?

Quiero empezar por desmitificar el tema de los celos entre hermanos. Antes de que el segundo hijo nazca, en muchas familias ya se nombra el tema de los celos: «Cuidado con los celos que tendrá el mayor», «ya verás lo celoso que se pone». Muchos adultos creen que todos los niños y niñas sienten o sentirán celos de sus hermanos.

Los celos entre ellos, me atrevería a decir, son una invención social y cultural. Incluso diría que, entre hermanos, no existen. Me explico: no es que el hermano mayor tenga celos del pequeño o viceversa, lo que ocurre es que le falta mirada, presencia, atención y exclusividad por parte de su madre. Mamá quizá no ve a sus hijos como seres individuales y diferentes o simplemente no puede darle a cada uno lo que legítimamente necesita de ella. Lo que llamamos celos, en realidad, es falta de mamá, y no tiene nada que ver con el hermano en sí, sino con lo que uno recibe y el otro no. Un niño no puede desear ni echar en falta lo que ya tiene, sino que solo desea y anhela lo que ve que el otro tiene o recibe y él también necesita. Lo que expresa es falta de atención, mirada, presencia y amor, pero nosotros lo llamamos celos. Un bebé no despierta celos, simplemente pone de manifiesto lo que el hermano mayor no ha recibido antes o después de su nacimiento, y puede que ponga de manifiesto la soledad o el vacío que siente el hermano mayor. Lo que un

> Lo que llamamos celos, en realidad, es falta de mamá.

hermano recibe simplemente pone de manifiesto lo que al otro le falta. Un bebé despierta ternura, fragilidad y amor. Si el hermano mayor se siente amado incondicionalmente, tenido en cuenta, y sus necesidades más básicas están satisfechas, habrá poco o nada que el bebé le pueda quitar. Si un niño muestra hostilidad hacia su hermano, habrá que revisar qué es aquello que está necesitando y no obtiene pero que siente y ve que su hermano sí recibe, por ejemplo, la atención y la presencia de su madre. También puede ser que ninguno de los hermanos esté recibiendo lo que legítimamente necesita y que descarguen su malestar el uno contra el otro.

Hay familias en las que han nacido varios bebés a lo largo de los años y ningún hermano ha sentido celos (sufrido de falta de amor o atención), ya que su madre, su padre o demás familiares han podido dar a todos lo que legítimamente necesitaban en la medida de lo posible, o por lo menos lo suficiente. Nadie puede echar de menos lo que ya tiene. Cuando hablo de recibir amor no me refiero al amor que sentimos por ellos, sino el amor que verdaderamente les llega. No es lo mismo que digamos que los queremos y amamos mucho, lo verdaderamente importante es cuánto de ese amor les llega, cómo de amados se sienten.

Sé que mi discurso igual puede llegar a doler o molestar un poco. Personalmente, pienso que a muchos adultos nos es más fácil pensar que el niño es quien tiene el problema que revisar nuestro grado de responsabilidad en lo que el niño expresa, siente o manifiesta. Los niños solo desean ser amados, poder ser ellos mismos y llegar a convertirse en quienes han venido a ser. En un entorno de respeto, amor, paz y armonía, los niños también serán amorosos y respetuosos entre ellos. Solo así se puede ayudar a alguien a ser más amoroso y respetuoso.

¿Cómo podemos evitar los celos entre hermanos?

La pregunta más acertada y sensata sería: ¿cómo podemos satisfacer a todos nuestros hijos por igual, o en la medida de lo posible, para evitar el malestar entre ellos? Primero de todo, cambiando nuestra mirada. Enfocándonos más en su sentir y no tanto en su comportamiento. Segundo, dándoles más de aquello que quizá les esté faltando: presencia individualizada, mirada, atención de calidad, satisfacción de necesidades, posibilidad de moverse en libertad, respeto o incluso amor incondicional. Si tenemos un hija mayor y también un bebé, quizá nos sea más difícil, pero podemos ofrecerles unos minutos de atención exclusiva cuando esté dormido el bebé o mientras lo tenemos en brazos. Y, si no podemos darles lo que legítimamente necesitan de nosotros, será necesario que otra persona amorosa, respetuosa y dispuesta se lo dé: papá, la abuela, una amiga de la familia, un tío, una niñera, una profesora o incluso una vecina. Solemos pensar que es el bebé quien no nos permite estar con el hermano mayor, pero, si somos realmente sinceras, nos daremos cuenta de que hay muchas ocasiones en las que sí podríamos estar, pero preferimos hacer otras cosas. Nos ahoga estar con nuestros hijos y en ocasiones necesitamos huir de su intensidad emocional. A mí también me pasaba, especialmente cuando nació nuestra tercera hija. Había momentos que la intensidad emocional de los otros dos me desbordaba y prefería ponerme a tender la ropa, cocinar o hacer cualquier otra cosa excepto parar y estar con ellos. Lo cierto es que en ocasiones necesitaba «huir», y es totalmente legítimo, desde el punto de vista y el sentir de la madre. A veces necesitaremos no estar con nuestros hijos para luego poder estar con ellos como realmente necesitan y merecen, pero no olvidemos que ellos también nos necesitan y es necesario darles, de vez en cuando, nuestra presencia y atención por elección y no solamente por obligación en los momentos en que sí podemos para compensarles.

Conflictos entre hermanos

Ya hemos podido ver que la gran mayoría de los conflictos entre hermanos, por no decir todos, son por cómo se sienten, por lo que necesitan y por lo que les falta (presencia) o sobra (control, límites...). Expresan su desconexión y malestar en forma de reacciones emocionales automáticas, agresividad, competitividad, comparándose, insultándose, gritándose, criticándose, juzgándose, con quejas y pedidos desplazados constantes.

Algunos conflictos también suelen producirse por falta de espacio vital entre los hermanos pequeños y los mayores. Es necesario que cada niño tenga sus momentos de tranquilidad y exclusividad con mamá o papá sin sus otros hermanos si así lo desean o necesitan. Hay familias en las que todo se suele hacer juntos, y compartir en familia es maravilloso, pero también debemos ser sensibles a las necesidades de cada hijo y, en la medida de lo posible, acompañarlos y complacerles. No olvidemos que cada niño necesita cosas distintas de nosotros. Mi gran propósito es que, algún día, podamos llegar a ser las madres y los padres que cada uno de nuestros hijos necesita que seamos.

Cuando alguno de nuestros hijos es agresivo o desagradable con el otro, es imprescindible ver por fuera de la escena, pues quien tiene esta actitud ha de sentirse muy desesperado para necesitar actuar de este modo. ¿Qué estará necesitando y pidiendo a gritos? No eligen comportarse de esta forma, sino que se comportan así como respuesta biológica a su gran malestar. Se trata de un grito desesperado de atención, mirada, conexión, amor y reconocimiento. En conclusión, necesitan ser escuchados y amados más y mejor que en ningún otro momento. No obstante, en esas ocasiones es cuando más los rechazamos, criticamos y juzgamos. Cuanto peor se comporta un niño, más ayuda y amor incondicional necesita.

Solemos ver a los niños como el agresor o la víctima, el «bueno» y el «malo», el obediente y complaciente y el rebelde. No obstante, la verdad es que los dos están sufriendo, los dos son víctimas de su malestar y necesitan nuestra ayuda, por lo que resulta imprescindible sentirlos en su totalidad y no solo fijarnos en su actitud y comportamiento. Deberíamos preguntarnos: «¿Qué le puede estar pasando? ¿Qué puede estar necesitando que no logra obtener? ¿Qué podría hacer yo por y para él? ¿Qué no estoy viendo?».

¿Cómo puedo preparar a mi hijo para la llegada de un nuevo hermano?

Podemos preparar el terreno explicándole que en unos meses habrá un nuevo miembro en la familia, que el bebé necesitará de nuestro amor y cuidado al igual que él o ella lo necesitó y, que será muy pequeño y frágil. Sin embargo, todo esto carece de importancia si nuestro hijo mayor se siente verdaderamente amado, escuchado y tenido en cuenta, que también es lo más importante para nosotros. La edad que tenga nuestro hijo tampoco importará mucho. Un bebé es una bendición y un gran regalo para un hermano. Si un bebé no es recibido con amor por sus hermanos, tendremos que revisar sus necesidades insatisfechas (revisa mis cuatro raíces en el capítulo 2), especialmente la falta de presencia.

> *Un bebé es una bendición y un gran regalo para un hermano.*

¿Cómo sanar el vínculo entre hermanos?

A continuación, compartiré estas siete inspiraciones para recuperar la conexión emocional entre hermanos:

Paso 1: crear intimidad emocional

Nombrar la verdad es urgente. Podemos proponer una reunión familiar para contarles que nos hemos dado cuenta de cosas y deseamos hacer algunos cambios en casa. Es vital y necesario explicárselo a nuestros hijos para que puedan entender mejor por qué vamos a actuar o a hablarles de otra manera. Podemos compartir con ellos las nuevas decisiones que hemos tomado, explicarles que nos hemos dado cuenta de que nuestra actitud ha influido en su relación con sus hermanos y con nosotros y que sabemos que algunas de sus necesidades no han sido satisfechas. Invito incluso a disculparnos por errores pasados. Es urgente que los escuchemos de verdad, con el corazón abierto y no solo desde la mente; ahora que somos conscientes no podemos quedarnos sin hacer nada al respecto. Es momento de tomar nuevas decisiones, responsabilizarnos y tomar acción. Sin acción no hay transformación. Nos podemos comprometer a que a partir de hoy las cosas sean distintas y precisaremos de su ayuda para mejorar nuestra relación, les podemos decir que estamos dispuestos a escucharlos más y mejor para poder llegar a sentirlos como necesitan y merecen. También será necesario dejar de lado los juicios, las críticas y las quejas, decirles que hemos decidido tratarles mejor y pedirles que nos lo recuerden cada vez que no seamos lo suficientemente respetuosos con ellos e invitarles a que nos comuniquen lo que necesitan si no lo sabemos ver o nos relajamos demasiado.

Paso 2: darles más presencia
Una vez hayamos mostrado nuestra vulnerabilidad explicando lo que ahora sabemos, sentimos y las nuevas decisiones que deseamos tomar, invito a hacer lo posible por darles más presencia de calidad. Podemos estar con nuestros hijos en muchas ocasiones, pero en realidad ese tiempo no siempre es de calidad. Me refiero a que no siempre elegimos estar por y para ellos. Los niños saben que los adultos dedicamos tiempo y atención a aquello que para nosotros es verdaderamente importante. Desear estar con ellos y disfrutar estando con ellos es lo que les llena de verdad, no simplemente tenernos cerca o disponibles, pues necesitan saber que ellos son importantes para nosotros y merecedores de nuestro tiempo, atención y amor. Ellos notan si estamos por elección o por obligación. Nuestro amor y nuestra presencia transforman el ambiente de toda la familia aportando más armonía, paz y tranquilidad.

Paso 3: validar emociones y necesidades
Es preciso dar voz y poner palabras a lo que cada niño estaba reclamando y no podíamos ver, sentir ni escuchar antes. Si surge algún conflicto invito a validar a ambos niños poniendo palabras a la realidad emocional de cada uno, intentando mostrar qué necesita, siente y no obtiene. Cuando podamos acercar a los hermanos el punto de vista del otro y de verdad se sientan amados incondicionalmente por nosotros, no hará falta explicarles casi nada más. Los niños no siempre saben pedir aquello que les falta, ni nosotros somos capaces de verlo, por tanto,

necesitan expresarlo y manifestarlo con su actitud. La mejor y única forma de poder validar las emociones y actitudes de nuestros hijos es entendiendo y conectando con los puntos de vista, el sentir y la necesidad de cada uno.

Paso 4: dar exclusividad
Nuestros hijos necesitan pasar tiempo a solas con mamá o con papá regularmente, y esto es mágico y muy sanador. Compruébalo y verás como la relación entre hermanos y contigo da un gran giro. Nuestra presencia es su alimento y su «medicina». Cada niño es un ser único y extraordinario, por lo que darles tiempo en exclusividad y compartir juntos algo que verdaderamente les guste o interese es una excelente forma de conectar con quienes ya son, además de ofrecerles nuestro amor incondicional, que tanto necesitan y merecen. Si tenemos hijos muy pequeños y nos es difícil separarnos de ellos para dar exclusividad a los mayores, siempre podemos aprovechar los ratos de las siestas o cuando estén con papá u otra persona, por cortos que sean estos momentos, y poco a poco ir alargando el tiempo. Lo importante no es cuánto tiempo estamos con ellos, sino que sepan que queremos, elegimos y deseamos pasar esos ratos a solas con ellos. Nuestros hijos necesitan que les confirmemos que son especiales e importantes para nosotros y merecedores de nuestro amor y de nuestra atención sin

> **Nuestros hijos necesitan que les confirmemos que son especiales e importantes para nosotros.**

distracciones. ¿De qué mejor manera se lo podemos demostrar que eligiendo, por voluntad propia, estar por y para ellos un rato en exclusiva?

¿Acaso no lo dejamos todo para ir a la peluquería, ver nuestra serie favorita, hacer una llamada, ir a trabajar, cocinar, ordenar?... Mi pregunta es: ¿cuándo lo dejamos todo para pasar un tiempo con nuestros hijos con los cinco sentidos?

Paso 5: compartir en familia
Cuando cada hijo ya ha obtenido su tiempo de presencia en exclusiva con mamá o papá, los momentos en familia haciendo cosas juntos son maravillosos también, ya que cada miembro se siente lleno emocionalmente hablando y mucho más dispuesto a compartir. Podemos ir todos a algún lugar especial, dar un paseo o simplemente ver una película juntos y comentarla luego. Cuando cada niño se siente realmente escuchado, respetado, tenido en cuenta y amado incondicionalmente por quien realmente ya es, la paz y la armonía serán mucho más visibles en nuestro hogar.

Paso 6: recoger las críticas y los juicios
Es muy probable que alguna vez los niños se critiquen y se juzguen por cómo han sido tratados en el pasado. Es vital tomar conciencia en los momentos en que esta actitud surja e intentar gestionarlo de la forma más amorosa, respetuosa y pacífica posible. Podemos explicarles que a partir de ahora deseamos evitar críticas y juicios, y empezar a expresar y pedir lo que verdaderamente

necesitamos o comentar eso que nos ha molestado. Nosotros debemos dar este ejemplo primero, por supuesto. Te invito también a evitar el uso de las palabras *siempre* y *nunca*. Solemos decir muy a menudo: «Es que tú siempre...» o: «Es que nunca...», cuando en realidad ese «nunca» o ese «siempre» no son verdad. Necesitamos ver a nuestros hijos en el aquí y el ahora sin juzgarlos por cómo se comportaron en un pasado. Tratémoslos como si ya fueran como nos gustaría y les ayudaremos a convertirse en quienes pueden llegar a ser.

Paso 7: verlos individualmente
Cada niño es un ser maravilloso, único y especial. Necesitan poder ser quienes realmente son. No pueden convertirse en quienes nosotros queremos que sean a menos que se anestesien, se repriman y se desconecten de su verdadero ser esencial. Si recurren a esto para poder recibir nuestro amor, estarán perdidos el resto de su vida buscando ser valorados y amados por los demás por falta de seguridad y autoestima. Duele demasiado no poder ser uno mismo. Necesitamos ver a cada hijo por quien es e intentar conocerles más y mejor para poder conectar mejor con ellos y satisfacer sus necesidades más básicas y legítimas. Tomemos la decisión, hoy, ahora mismo, de dejar de comparar a nuestros hijos, entre ellos o con otros niños. Cuando nos cueste aceptarlos tal y como realmente son, no intentemos cambiarlos, busquemos nosotras ayuda para poder entenderlos, acompañarlos y sentirlos más y mejor. Cuando alguno de nuestros hijos nos haga sentir mal, preguntémonos: ¿qué tiene que ver

esto conmigo? ¿Qué parte de mí se ve reflejada en el comportamiento de mi hijo? ¿Qué me impide ser el padre o la madre que mi hijo necesita justo en este momento? ¿Cómo puedo utilizar este malestar que mi hijo me genera para crecer y comprenderme mejor como persona?

> Si se desconectan de su ser para poder recibir nuestro amor, estarán perdidos el resto de su vida buscando ser valorados y amados por los demás por falta de seguridad y autoestima.

Ellos no son el problema, ellos han venido a nosotros para ser amados y para amarnos con todo su corazón. Nos necesitan para poder desarrollarse en su totalidad. Si estamos dispuestos y dispuestas a amarlos como verdaderamente necesitan y no como nosotros elegimos, veremos cómo nos vamos sanando nosotros de nuestras viejas heridas.

No me cansaré de repetir que dar a nuestros tres hijos lo que yo no tuve de niña me sanó; por este motivo he tomado el compromiso de compartirlo contigo. Dar lo que no se tuvo cuesta, duele y ahoga emocionalmente hablando en muchas ocasiones. Lo sé, pero también nos libera y nos convierte en mejores seres humanos. Tus hijos y los demás niños de tu vida te necesitan hoy, ahora. ¿Estás aquí? Entonces, corre y ámalos con todo tu corazón.

Solemos ver a los niños como agresor o víctima, pero lo cierto es que los dos están sufriendo y necesitan ayuda. Es imprescindible que veamos a cada niño en su totalidad y no solo su actitud. No deberíamos confundir lo que hacen con lo que son, sino preguntarnos: «¿Qué le puede estar pasando? ¿Qué puede estar necesitando que no logra obtener ni yo ver? ¿Qué podría hacer yo ahora mismo por y para él?».

No pretender cambiarlos: cuando validar, nombrar y estar presente parecen no ser suficiente

Muchos de nosotros deseamos relacionarnos más amorosa, pacífica y respetuosamente con nuestros hijos y demás niños de nuestra vida. Algunos ya hemos tomado medidas o al menos tenemos la intención de hacerlo. No obstante, en el fondo seguimos queriendo y necesitando cambiar el comportamiento de los niños. Queremos ser respetuosos con ellos, pero hay algo en nuestro interior que no nos deja, nos molesta su actitud y no somos capaces de sostenerlos, y así continuamos haciéndoles cosas «a» los niños para que acaben siendo y actuando como nosotros deseamos.

Bien es verdad que podemos hablarles con más dulzura, validar sus emociones y sentimientos, mejorar la conexión emocional estando más presentes e incluso llegar a ser capaces de nombrar nuestras propias necesidades y nuestro malestar. Sin embargo, seguimos pensando: «Pero es que no me funciona, no le grito ni le amenazo y le doy más atención y le hablo amorosamente y también lo valido, pero sigue sin querer ducharse o seguimos teniendo problemas a la hora de vestirse y salir a la calle, o no quiere recoger cuando se lo pido...». Ese «no me funciona» es la clave.

> En el fondo seguimos queriendo y necesitando cambiar el comportamiento de los niños.

La verdad es que simplemente hemos cambiado nuestra manera de hacer autoritaria y controladora por otra más respetuosa (una crianza más convencional por una más consciente), pero nuestra intención parece ser la misma: que obedezca, sea complaciente y no nos dé problemas. Algunos autores lo llaman «disciplina positiva» o «refuerzo positivo». Como camino intermedio es fantástico, pero no deja de ser una forma más respetuosa de seguir haciendo y buscando lo mismo. Este cambio es maravilloso si venimos del control y la autoridad; sin embargo, propongo dar un paso más allá cuando estemos verdaderamente preparados y dispuestos, un cambio de paradigma aún más a favor de los niños: anteponer sus necesidades, intereses y ritmos a los nuestros, siempre que nos sea posible, mientras sean pequeños. No se trata de utilizar «estrategias» más respetuosas para conseguir la misma obediencia y complacencia que antes lográbamos por otros medios. Por supuesto que podemos llegar a acuerdos y poner algunas condiciones, pero debemos hacerlo junto «con» ellos, teniéndolos más en cuenta, escuchándolos.

> «Hay algo en ti que no está bien y, como yo no lo puedo aceptar ni lo sé gestionar, necesito y quiero que cambies».

No se trata simplemente de practicar mis cuatro raíces para una crianza consciente, que hemos visto en el capítulo dos, ni de cambiar los gritos, amenazas, castigos por validar o nombrar. Invito a dejar de poner tanto el foco en la obediencia o el comportamiento del niño y ponerlo más en su sentir para mejorar nuestras relaciones. De lo contrario, seguiremos manipulándoles, moldeándoles y corrigiéndoles, pero de una manera menos agresiva y más sutil. Mientras tengamos esa intención en mente, nuestra energía también lo manifestará y, como resultado, el mensaje que enviemos encubierto será el de: «Hay algo en ti que no está bien y, como yo no lo puedo aceptar ni lo sé gestionar, necesito y quiero que cambies». En realidad, ese es el mensaje que les llega.

Esa necesidad que aún tenemos muchos adultos de que sea el otro quien cambie para que nos podamos sentir bien nos viene de cuando éramos pequeños y nos decían que nosotros provocábamos que nos gritaran o nos pegaran o que mamá se enfadara. Recibíamos el mensaje de: «Tú me enfadas, tú me descontrolas, tú me enfermas, tú me molestas…». Muchos pensamos que cuando nuestra pareja cambie o nuestra madre nos valore y acepte o las circunstancias cambien… todo irá mejor y nos sentiremos más felices. Pensamos que nuestro bienestar y felicidad dependen de los demás. ¿Por qué centramos el problema en los niños y no en nosotros o en la forma en que los tratamos? Cuando no nos guste el comportamiento de alguno de nuestros hijos, invito a preguntarnos qué podemos cambiar y mejorar nosotros.

Cuando no pueden hacer lo que les pedimos, el problema quizá no esté en ellos, sino en QUÉ les estamos pidiendo realmente, en CÓMO se lo estamos pidiendo y en CUÁNDO se lo pedimos, en qué momento. Solemos hacerlo desde el enfado, la queja, la exigencia, el juicio y la crítica, y queremos que lo hagan en el momento en que nosotros lo necesitamos sin tener en cuenta si ellos pueden hacerlo, si lo desean, si tienen otra necesidad, si necesitan más tiempo… Solamente vemos nuestra necesidad en esas situaciones. Pocas veces empezamos las frases cuando hablamos con los niños con: «Cariño, cuando puedas necesitaría…», o: «Cuando hayas acabado con tu construcción me gustaría ponernos a recoger, ¿me avisas…?». Quizá estés pensando que si

> Cuando no nos guste lo que estamos recibiendo de nuestros hijos invito a revisar qué les estamos dando.

le hablas de esta forma tu hijo no te va a tener en cuenta. Pues es posible que no, pero puede ser que esté acostumbrado a otro trato y hasta que no haya gritos y amenazas no entienda que es realmente necesario hacerlo, pues muchos padres los hemos acostumbrado a esperar hasta que mamá pierde el control. Cuando no nos guste lo que estamos recibiendo de nuestros hijos invito a revisar qué les estamos dando. Recordemos que, a mayor conexión, mayor cooperación. Podemos hablar con ellos sobre estos cambios que deseamos hacer y avisarles de nuestra intención a partir de ahora, de igual modo que, cuando estamos en el coche y tomamos un desvío equivocado, el GPS nos avisa y volvemos a recuperar la ruta correcta.

Nuestros hijos pueden hacernos de brújula cada vez que nos relajemos o usemos el control o el poder en exceso y no seamos suficientemente respetuosos con ellos. Para ellos este será un modelo excelente. Estoy convencida de que los niños no necesitan padres perfectos, sino honestos, sinceros, auténticos, humildes, dispuestos a mirarse a sí mismos y capaces de aceptar y reconocer sus limitaciones y errores. Mostrar nuestra vulnerabilidad, al contrario de lo que muchos pensamos, no nos debilita, sino que fortalece nuestras relaciones y le da permiso al otro, en este caso a nuestros hijos, para mostrar su propia vulnerabilidad con nosotros también. Seamos más sinceros con aquello que nos pasa a nosotros y no responsabilicemos tanto a los niños de nuestra incapacidad para poder mejorar nuestra actitud hacia ellos. Podemos incluso utilizar el malestar que ellos nos puedan generar para mejorar como personas. No tengamos miedo a mirar un poco atrás en nuestra propia historia de vida o incluso a revisar el escenario de nuestra infancia para poder sanarnos y así avanzar más y mejor para poder convertirnos en los padres, madres y adultos que los niños de nuestra vida necesitan y merecen.

Sabiendo qué nos pasó, qué nos faltó y comprendiendo de dónde venimos podremos entender mejor qué nos está pasando hoy y qué nos impide llegar a ser quienes hemos venido a ser. Vivir nuestra vida bajo los principios de las cuatro raíces que propongo nos va a ayudar a aceptar mejor a cada uno de nuestros hijos y les va a ayudar a ver que no hay nada de malo ni en ellos mismos ni en su comportamiento, sino que simplemente es una manifestación de su malestar interno, desconexión emocional con nosotros, falta de necesidades cubiertas, falta de nuestra presencia...

Lo mágico de la cuestión es que, en muchas ocasiones, cuando los niños sienten que son aceptados, a pesar de no poder controlar sus emociones o complacernos siempre que lo necesitamos, conectan más y mejor con nosotros y nuestras necesidades, e incluso cooperan y gestionan mejor sus emociones. Cuanta más conexión haya entre padres e hijos, más cooperación y empatía habrá como efecto secundario.

> Cuanta más conexión haya entre padres e hijos, más cooperación y empatía habrá.

No hay nada en este mundo que me produzca mayor satisfacción que ver que estoy pudiendo ser la madre que cada uno de mis tres hijos necesita que yo sea. Y, cuando no es así, me paro, reflexiono, me observo, me disculpo, corrijo, compenso, me acepto y vuelvo a conectarme conmigo misma para, desde allí, poder conectar más y mejor con ellos de nuevo. Lo que aquí necesito rescatar y recalcar es que, no por ser más conscientes como adultos y más respetuosos con nuestros hijos, ellos van a ser como nosotros queremos que sean. Mis cuatro raíces no son «estrategias» para que los niños hagan lo que queremos o necesitamos. Las cuatro raíces para una crianza consciente que os propongo son para mejorar el vínculo afectivo con ellos. Son una actitud ante la vida misma. Estas cuatro raíces son necesidades universales. ¿Qué niño no necesita la presencia de mamá o papá, la validación de sus emociones y necesidades, que nombremos la verdad y creemos intimidad emocional en casa? Me atrevo a decir que mis cuatro raíces son leyes universales para poder cambiar y mejorar el mundo en una sola generación. Yo simplemente he ordenado, bautizado y dado nombre a algo complicado de ver y sentir. Repito: estar presente, validar emociones y necesidades, nombrar la verdad y crear intimidad emocional con nuestros hijos a la vez que revisamos las experiencias de nuestra propia infancia no va a cambiar a ninguno de nuestros hijos, ni los convertirá en quienes nosotros queremos, sino que les permitirá a ELLOS convertirse en quienes han venido a ser.

Querer cambiar a alguien o su comportamiento no es relacionarnos desde el amor. Hacer algo por y para alguien para ayudarle a sentirse mejor sí es un acto de amor. Cuando ayudamos y damos amor sentimos paz interior y bienestar (tanto quien lo da como quien lo recibe), y dicho bienestar puede provocar un cambio de actitud como efecto secundario. Lo más importante es anteponer la relación con nuestros hijos a todo lo demás.

> No se trata de utilizar «estrategias» más respetuosas para conseguir obediencia, ni de cambiar los gritos por validar, o los castigos por nombrar, ni de que nuestros hijos sean como nosotros queremos, ni de que, de una manera más respetuosa, nos sigan haciendo caso y dejen de escucharse a sí mismos. Si esa es nuestra intención, seguimos queriendo manipularles, moldearles y corregirles, pero de una manera menos agresiva y más sutil.

EJERCICIO

EJERCICIO PARA VALIDAR EMOCIONES Y NECESIDADES

La próxima vez que te veas juzgando, criticando, quejándote, negando, minimizando, ignorando o incluso interpretando alguna necesidad de tu hijo, te invito a parar y a tomar conciencia de tu diálogo interno. Puedes escribirlo de forma automática o grabarte si te apetece, ahora que disponemos de tantos dispositivos móviles al alcance.

Pregúntate: ¿qué te dice tu mente? ¿Qué piensas? ¿Qué sientes? ¿Qué necesidad crees que necesitas cubrir?

«Necesito silencio, me siento frustrada, siento muchas ganas de pegarle porque estoy muy disgustada, conecto con una rabia muy intensa que no sé de dónde viene, pero me desborda. Tengo que alejarme de mi hijo para no ser violenta ni verbal ni físicamente...».

Haz una lista de tus emociones y otra de tus necesidades.

Cuando tengas un momento más tranquilo, lee el texto y la lista que has escrito o escucha atentamente tu grabación. Todo este discurso interno nada tiene que ver con las verdaderas necesidades de tu hijo, sino que viene de tus creencias más limitantes y de tus vivencias pasadas no resueltas o necesidades no satisfechas del aquí y del ahora.

Te invito a validar su necesidad, y por muy difícil que te resulte poder satisfacerle simplemente valídale. Cuando no podamos satisfacer algunas de las necesidades de nuestros hijos, invito a validarlas para que no sientan que están equivocados necesitando esto. El niño tiene derecho a ello, es legítimo pesar que nosotras no podamos ofrecérselo.

Nota: valida sus necesidades y emociones no solamente en casa, sino cuando esté con otras personas.

EJERCICIO PARA INSPIRAR Y AYUDAR A OTRAS PERSONAS

Cuando veas que tu hijo u otro niño se siente mal, está enfadado, triste, confuso, tenga miedo, está cansado, aburrido, agotado..., te invito a darle voz y validarle delante de otros adultos. Por ejemplo:

- Estás muy cansado y quizá por eso has gritado así.
- Te ha molestado que papá te gritase, ¿verdad?
- Veo que llevas mucho tiempo jugando con tu hermana y quizá ahora necesites estar solo.

También te invito a gestionar un conflicto de manera respetuosa y amable para que tu pareja u otro adulto vea cómo se pueden gestionar las situaciones sin gritos, sin castigos, sin amenazas, sin sobornos y, sobre todo, sin abuso emocional.

Nota: inspirar, ayudar, hacer de modelo y dar ejemplo es una gran responsabilidad. Recuerda que solo podremos dar o enseñar aquello que verdaderamente somos. Primero conecta con tus propias vivencias, emociones y necesidades, luego con las de tus hijos y finalmente déjate inspirar por alguien que haya llegado al lugar donde deseas estar y que esté ya viviendo el tipo de vida que deseas vivir.

Criar en un nuevo mundo

Una mirada crítica a los castigos, premios, sobornos y amenazas

Los castigos, los premios, los sobornos y las amenazas nos dan complacencia temporal y «compran» obediencia. Pueden cambiar el comportamiento de alguien a muy corto plazo (en el aquí y el ahora) y es por este motivo que nos parece que funcionan. Sin embargo, no pueden cambiar ni mejorar a la persona en sí, no enseñan valores ni principios, sino el uso del poder. No hacen que nos sintamos mejor para luego poder actuar mejor, ni tampoco nos ayudan a ser mejores personas, sino más bien provocan el efecto contrario. Vamos a revisar la creencia de que los castigos y los premios nos sirven y son necesarios para criar y educar a niños felices. Muy al contrario, estas actitudes sirven al adulto para poder controlar más y mejor a los niños, pero lejos están de ayudar en la relación o mejorar el vínculo afectivo entre padres e hijos, que de esta forma quedará aún más lastimada y además les estaremos enseñando a hacer lo mismo con sus iguales y hermanos, y luego con sus parejas e hijos.

Hay muchos libros y autores que defienden esta manera de relacionarnos, tanto con los adultos como con los niños, que recibe el nombre de «conductismo». Skinner, padre de esta tendencia educativa, decía en referencia al castigo: «Hacerle algo a alguien lo suficientemente molesto o doloroso para que cambie de actitud: que le haga sentirse mal (sufrir) y así pueda complacernos». No es el comportamiento en sí lo que debería preocuparnos, ni en donde deberíamos enfocarnos, sino en qué alimenta o provoca dicho comportamiento. ¿Qué necesidad no hay satisfecha? ¿Por qué se siente tan mal como para llegar a pegar o insultar? ¿Qué podemos hacer para ayudarle a sentirse mejor?... La corriente opuesta al conductismo es el «humanismo», que se basa en buscar el origen emocional, la necesidad, la causa o el motivo que llevó a esa persona a actuar de tal modo. Dicho de otra manera, intentar averiguar la causa real del problema o lo que causaba la necesidad de comportarse así e intentar buscar soluciones conjuntamente. Como ya hemos visto en varias ocasiones a lo largo de este libro, detrás de muchos comportamientos suele haber un gran malestar por alguna necesidad básica y legítima no satisfecha, por lo que nuestra actitud o intención no debería ser modificar solamente su comportamiento aisladamente, sino conseguir que la otra persona, en este caso el niño, deje de tener la necesidad de comportarse de esta forma. Ayudarle y acompañarle a recuperar su bienestar y paz interior. Hace varios años asistí a una charla de Alfie Kohn en la que hablaba de los efectos nocivos de los castigos, los premios y demás estrategias manipulativas. Me encantó un ejercicio (del que empleo una versión en mis cursos o talleres) que hizo con el público para hacerles ver a las personas allí presentes que estas estrategias no ayudan a nuestros hijos a ser como nos gustaría que fuesen. Para ello, preguntó a los padres, madres y demás adultos por las cualidades que valoran en un ser humano y que les gustaría que sus hijos también tuvieran. Unos dijeron que fueran honestos, compasivos, felices, honrados, trabajadores, ordenados, responsables, disciplinados, que tuvieran un buen concepto de

¿Qué ocurre cuando castigamos a un niño?

sí mismos, una buena autoestima, que fueran solidarios, empáticos, autónomos y un largo etcétera. A continuación, intentaré argumentar por qué estas estrategias manipulativas de las que hablamos lo único que logran es reforzar las cualidades contrarias a las deseadas.

Veamos ahora qué ocurre cuando castigamos. Imaginemos que un niño pega a su hermano y al verlo su madre lo castiga. ¿Realmente pensamos que haciéndole algo desagradable y molesto vamos a ayudarle a ser más amoroso con los demás la próxima vez? Lo cierto es que no tiene mucho sentido, pues solamente con respeto y amor podemos ayudar a alguien a ser más respetuoso y amoroso. Ante todo, castigar al supuesto «agresor» (que a su vez también es víctima de su gran malestar interno) le hará sentirse aún peor, pues tendrá un sentimiento de culpa, frustración e impotencia, y lo que realmente aprende es que la próxima vez que quiera pegar a su hermano tendrá que asegurarse de que su madre no le vea para no ser castigado. Así, el castigo no le hace darse cuenta de los sentimientos de la otra persona, ni de las consecuencias reales de su actitud en el otro, ni a sentirse en paz para poder ser cariñoso con su hermano. Más bien lo que siente es que por «culpa» de este le han castigado, lo que puede provocar más conflictos, más tensiones, más desconexión entre ambos, más rivalidad y polaridad, como ya vimos anteriormente. ¿Cómo podrá un niño ser más respetuoso si le provocamos malestar y le tratamos hostilmente? ¿Cómo puede alguien ser mejor persona infligiéndole malestar? Los niños no hacen lo que les decimos, hacen lo que les hacemos o nos ven hacer con los demás. Aprenden lo que les enseñamos. El trato que les damos y ofrecemos a los niños de nuestra vida es el trato que darán y ofrecerán a los demás. Tratemos a nuestros hijos como nos hubiese gustado ser tratados y así les ayudaremos a tratar a los demás de igual modo. Así pues, castigándole aprende que, cuando alguien no es cómo tú quieres que sea, hay que hacerle algo desagradable a modo de castigo o venganza. Quizá eso es lo que precisamente le estaba haciendo a su hermano: castigándole porque no le daba lo que quería... No olvidemos que eso es precisamente lo que ha aprendido de nosotros o de los demás adultos de su vida.

Los niños y adultos solemos mentir por miedo y por falta de seguridad e intimidad emocional, para evitar lo que tememos o para conseguir lo que necesitamos. Si hubiera suficiente confianza y conexión emocional, no necesitaríamos mentir, por lo que, si nuestros hijos nos mienten, es urgente revisar nuestra relación y nuestro vínculo afectivo con ellos.

Conozco a muchos niños a los que no se les suele aplicar este tipo de estrategias manipulativas y no tienen problema alguno en decir la verdad. Recuerdo una ocasión en la que había un grupo de niños, entre ellos nuestro hijo, y el hermano bebé de uno de ellos. Golpearon al bebé sin querer y empezó a llorar. Varias mamás nos acercamos para ver qué había pasado y algunas se precipitaron a preguntar: «¿Quién ha sido?», en un tono acusador. Uno de los niños dijo: «He sido yo», buscando la mirada de su madre, y añadió: «Es que no le he visto y le he pisado un poco la mano, lo siento mucho». Este niño no tenía miedo a ser castigado, criticado ni juzgado por su madre, más bien se había sentido intimidado por el tono acusador de la otra madre, y aun así dijo la verdad. También he visto situaciones parecidas en las que los niños han temido a sus propias madres y sus reacciones y todos, sin excepción, han respondido al preguntarles: «Yo no...». Y de aquí concluimos que los niños mienten por sistema y no es verdad: les hacemos actuar de este modo por temor y por cómo les hablamos y los tratamos nosotros primero.

Al castigar a un niño por hacer algo que no nos gusta o que molesta a alguien, no le enseñamos ni le ayudamos a tener en cuenta los sentimientos, emociones o necesidades de la otra persona, sino a ver los efectos de sus actos sobre él mismo. El niño solamente ve lo que el adulto le hace a él: «Qué me hacen a mí cuando no me comporto como los demás quieren o esperan». Nadie está ayudando al niño ni se preocupa por él intentando saber qué le pasa, cómo se siente y averiguar por qué se ha comportado de esa forma. ¿Qué necesidad no tenía satisfecha o qué necesidad cubre comportándose así? El niño necesita ayuda y no castigos. Recordemos que, cuanto peor se comporte un niño, más ayuda y amor necesitará. Cuanto peor tratemos a un niño, peor persona pensará que es. Seguramente se sienta muy mal para haber llegado a hacer o decir eso, de ahí que tampoco le estemos ayudando a ser comprensivo, solidario ni empático, ya que nadie lo está siendo con él. El niño puede pensar: «Si me porto mal o no hago lo que se espera de mí, me van a castigar y a hacer sentir aún peor, suerte que una vez haya cumplido mi condena y haya pagado el precio (castigado en el rincón de pensar, sin postre, sin tele, sin patio, sin lo que sea...) ya estaré libre para volver a hacerlo otra vez».

Castigar es una especie de venganza hacia el niño: «Tú haces esto, yo ahora te hago esto otro». Si castigar realmente funcionara (ayudar al niño a comportarse mejor), no tendríamos que estar haciéndolo continuamente, sino que con solo una vez sería suficiente. La realidad nos confirma que castigar no ayuda para nada a mejorar conductas, sino que las empeora, y de ahí que pensamos que necesitamos castigar aún más. El pez que se muerde la cola. No vemos que el verdadero problema

> **Al castigar a un niño por hacer algo que no nos gusta, no le enseñamos ni le ayudamos a tener en cuenta los sentimientos, emociones o necesidades de la otra persona.**

radica en qué está viviendo el niño en casa y en la escuela y sobre todo en cómo lo tratamos, no hay complicidad entre el adulto y el niño para buscar una solución a lo que está pasando realmente, sino que le enseñamos a resolver los problemas con el uso del poder y sometiendo al otro a nuestra voluntad. ¿Qué les estamos enseñando en realidad?

Cuanto más castigamos, peor se siente el niño por no ser comprendido cuando no puede ni sabe aún gestionar sus emociones ni sus reacciones. Nadie le da un buen modelo que seguir y, al sentirse desesperadamente solo e incomprendido, se comporta peor y, por lo tanto, pensamos que tenemos que seguir castigándolo.

> El uso del poder provoca miedo, nunca hará que podamos ser mejores personas o mejorar nuestro comportamiento.

El uso del poder provoca miedo, desconexión y mucha desconfianza, nunca hará que podamos ser mejores personas o mejorar nuestro comportamiento. Lo que sí provoca es mucha rabia, enfado, frustración e impotencia en el niño, y todas estas emociones podrían evitarse si lo tratásemos con más respeto y amor. Lo peor de todo es que estas emociones se acaban reprimiendo y, como ya hemos dicho, las emociones reprimidas no desaparecen. Así, las sacará y proyectará con más intensidad de otra forma, quizá con más agresividad, con reacciones emocionales automáticas —lo que yo llamo REA—, mordiéndose las uñas, tirándose del pelo o enfermando; y en la adolescencia, con trastornos de la alimentación, rebeldía, adicciones o inseguridades; o bien las reprimirá hasta que sea adulto... Y muchas de esas emociones reprimidas, negadas e ignoradas en la infancia nos saldrán de forma descontrolada y desproporcionadamente contra nuestros propios hijos o parejas, y no entenderemos qué nos pasa ni de dónde vienen nuestras propias reacciones emocionales automáticas (REA). Algo se apoderará de nosotros.

Todo comportamiento tiene un motivo válido, lo sepamos o no, lo comprendamos o no, lo queramos averiguar o no. Si no nos preocupamos por saber por qué un niño tiene la necesidad de pegar, morder, tirar cosas o gritar, no podremos ayudarle a gestionar sus emociones y sentimientos de forma sana.

Un niño NO elige comportarse «mal»: su malestar, la desconexión con su madre, la falta de comprensión, la presión, algunas necesidades no satisfechas, la falta de mirada o presencia y vínculo afectivo muchas veces son la causa que vemos reflejada en su comportamiento. Podríamos preguntarnos más a menudo: «¿Qué podría hacer ahora para ayudarle a sentirse mejor?», «¿qué responsabilidad tengo en que se esté comportando así?». Quizá nos necesita, nos echa de menos, se siente solo, no estamos suficientemente presentes, tiene calor o hambre, necesita moverse, jugar..., seguro que encontramos una respuesta. Pero lo más fácil es enfadarnos, castigarle y rechazarlo, ¿verdad?

¿Te has preguntado alguna vez por qué nos sale de una forma tan natural y espontánea gritar, castigar, amenazar y rechazar a un niño cuando hace algo que no nos gusta o que no es «correcto» (aceptado) socialmente? ¿Te has preguntado por qué no nos nace de una forma natural hablarle, ayudarle, explicarle, validarle y buscar el origen de su malestar? Lamentablemente actuamos así con los niños porque de esta manera es como actuaron con nosotros en nuestra infancia y así es como aún se trata a los niños en muchos hogares, escuelas y en sociedad también. Es urgente este cambio de mirada. Te invito a que tú también hagas de modelo para inspirar a otras personas. Necesitamos más adultos comprometidos y dispuestos a tratar a los niños con el mismo respeto que los adultos necesitamos y merecemos. Estoy segura de que a nadie le gustaría que nuestras parejas, amigos o jefes nos castigasen y amenazasen cada vez que nos equivocamos o no actuamos como ellos desean. Si un marido castigara a su mujer por no hacer lo que él espera de ella, lo llamaríamos «maltrato» o «violencia de género», pero si castigamos a los niños lo llamamos «educar».

Castigando no tenemos que responsabilizarnos de nada y podemos seguir pensando que todo es culpa del niño. Una necesidad infantil no satisfecha no desaparece por mucho que nosotros queramos ignorarla o negarla, seguirá allí y el niño sentirá un malestar que no puede evitar ni gestionar él solo a pesar del castigo. Y no es responsabilidad de los niños tener que cubrir las necesidades no satisfechas de nuestra propia infancia, como venimos diciendo, sino que son los niños los que precisan de un adulto para colmar las suyas. De niños estamos en la etapa de recibir y de adultos, en la de dar, y, cuando estos roles se invierten, empiezan muchos de nuestros problemas emocionales. Los niños se sienten muy confundidos cuando aquellas personas que se supone que los quieren les hacen cosas desagradables.

> De niños estamos en la etapa de recibir y de adultos, en la de dar.

Un buen ejercicio para ser conscientes de los efectos nocivos del castigo es preguntarse: «Si lo que acabo de decir o hacer a este niño, a mi hijo..., me lo hicieran a mí, ¿cómo me sentiría?», «¿esto que le estoy haciendo o diciendo mejora nuestra relación, nos conecta y nos une emocionalmente o por el contrario nos distancia y crea malestar?».

Aunque haya personas que justifiquen que los castigos, en determinadas ocasiones, son necesarios, personalmente pienso, y me atrevo incluso a afirmar, que NUNCA lo son y que SIEMPRE son nocivos. A pesar de que nos hayan castigado cuando éramos pequeños, de que se siga castigando en colegios y hogares, esta estrategia manipulativa nunca obtendrá buenos resultados. Ya somos muchas las familias que hemos elegido dejar de castigar, amenazar, sobornar y humillar a los niños. Tú también puedes decidir ahora mismo dejar de hacerlo o por lo menos empezar a dejar de hacerlo. Quizá te lleve algún tiempo o te cueste, pero todos tenemos la capacidad de cambiar, mejorar, transformar y sanar nuestra vida si nos comprometemos a tomar nuevas decisiones conscientes y luego a tomar acción. Desde ahí podremos también mejorar nuestros vínculos afectivos con nuestros hijos y nuestras relaciones personales.

¿Qué pasa cuando utilizamos las recompensas o los premios?

En realidad no son más que la otra cara de la misma moneda. Por ejemplo, si un niño hace algo espontáneamente que nosotros valoramos, supongamos, recoger algo, ordenar, ayudar a un hermano..., y le premiamos por ello, el mensaje que este recibe es que el adulto premia las acciones que él considera importantes y toda la atención no recae sobre la acción o actitud que ha tenido el niño, sino el sobre el juicio que el adulto emite sobre qué está bien o no, qué es mejor o no y también sobre lo que acaba de recibir por ello. Lo verdaderamente importante no parece ser su actitud, sino la recompensa que recibe por ello.

> El énfasis recae sobre el premio y no sobre la acción.

El énfasis recae sobre el premio y no sobre la acción, la actitud o el comportamiento. Así pues, aunque nuestra intención es fomentar ese comportamiento, lo que estamos provocando es todo lo contrario, pues, cuando no haya una recompensa por ello, ya no habrá interés ni motivo alguno para seguir haciéndolo de forma natural o por decisión propia, a pesar de que en un principio sí lo había sin la necesidad de ser premiado o recompensado por ello. En definitiva, el niño solo ve que si hace tal o cual cosa recibe dinero, dulces, un sobresaliente o lo que sea. Si un día deja de recibir un premio, el comportamiento que estamos buscando fomentar cesará al no recibir nada a cambio. Así pues, premiar no nos hace disciplinados ni constantes ni mejores personas, sino dependientes de la aprobación externa del otro. Hacemos las cosas para recibir un premio, el reconocimiento y la aprobación de los demás, y no por decisión propia, por mero placer o gusto. El niño puede pensar: «¿Qué voy a recibir a cambio de hacer esto?», y, si no recibe nada, ¿por qué iba a querer o decidir seguir haciéndolo?

He visto a algún padre o profesor recompensar a su hijo o alumno por leer espontáneamente, y bien es verdad que lo hicieron con la mejor de las intenciones, pero lo que provocaron fue todo lo contrario: cuando no había premio, el niño no leía. Así, algo que había escogido hacer por propia voluntad, por placer, fue desmotivado precisamente por querer motivarlo más con recompensas. Curioso, ¿verdad? Pero cierto.

Con premios tampoco ayudamos a fomentar cambios de comportamiento a largo plazo. Como hemos podido comprobar, castigar y premiar solo funciona (provoca la actitud deseada) a muy corto plazo, solamente en el aquí y ahora (y aun así tengo mis dudas). ¿De verdad queremos que se coman, por ejemplo, un plato entero de comida porque luego hay un premio o lo que en el fondo necesitamos es que tengan su ración de vitaminas, proteínas o hidratos? Les podríamos explicar nuestra preocupación y, si ese ingrediente no les gusta, seguro que podemos encontrar otro con el mismo valor nutritivo

> Con recompensas o premios no hay cambios de comportamiento a largo plazo.

o parecido para la próxima vez. Seguir ofreciéndole brócoli a un niño, por no decir obligarle a comérselo, por ejemplo, si sabemos que no le gusta y su paladar lo rechaza no es muy respetuoso, ¿verdad? Hay otras muchas frutas y verduras con las mismas vitaminas y minerales que podríamos darle. Yo, que sigo una dieta vegana, si fuera a casa de algún amigo y me ofreciera un alimento que no me gusta o que no deseo comer y se lo dijera, estoy convencida de que no me lo seguiría ofreciendo cada vez que le visitase para que me acostumbrara, ni me amenazaría con dejarme sin el postre si no me lo como. Muy probablemente me respetaría, ¿verdad? Entonces ¿por qué pensamos que a los niños hay que obligarles a comer sin hambre o forzarles a ingerir alimentos que sus cuerpos rechazan o no les gustan?

Les hacemos cosas a los niños que nunca haríamos a un adulto. A muchos de nosotros nos obligaron a comer sin hambre y a ingerir alimentos que no nos gustaban. Nos chantajeaban con la comida, pero se nos ha olvidado lo mal que lo pasábamos en esos momentos, y parece que ahora ha llegado nuestro turno para hacerles lo mismo a nuestros hijos y demás niños de nuestra vida.

Lamentablemente, en muchos comedores de escuelas aún se obliga a los niños a terminarse el plato y a ingerir alimentos que no les gustan y su cuerpo rechaza. Invito a reflexionar sobre este hecho y a darles más opciones sanas. Conozco a muchos niños veganos, vegetarianos y también omnívoros que comen muy equilibradamente a quienes nunca, repito, nunca se les ha castigado, premiado ni chantajeado con la comida, ni se les ha forzado a comer ingredientes que no les gustan. La verdad es que, si en casa hay una alimentación variada, sabrosa y sana por parte de los padres y lo que se les ofrece a los niños es sano, pueden autorregularse perfectamente. Sé que a muchos adultos nos puede sorprender, ya que tenemos la creencia

> Las escuelas deberían ser un lugar en el que las verdaderas necesidades de los niños se tuvieran mucho más en cuenta.

de que a los niños hay que decirles qué, cuándo y en qué cantidad comer.

En las escuelas, por ejemplo, se podría ofrecer comida a los niños tipo bufet, con productos sanos y naturales: cereales integrales variados (quinoa, mijo, espelta, arroz...), proteínas de origen animal y también vegetal, muchos tipos diferentes de verduras crudas, hervidas o a la plancha, ensaladas variadas, frutas frescas o secas, legumbres, germinados, frutos secos, semillas... Y también invitaría a tener un lugar con comida sana al alcance de los niños para que puedan beber y comer algo siempre que lo necesiten. Podría haber zanahorias, guacamole, hummus, tortitas de cereales, frutos secos y semillas, zumos naturales de frutas o incluso una licuadora para que ellos mismos se hagan su combinación preferida. Visualizo comedores relajados en donde niños y adultos comen juntos y charlan y comparten en paz y armonía. En muchos hogares y escuelas las horas de la comida generan mucho estrés cuando lo ideal sería que fueran momentos de tranquilidad y conexión con el cuerpo. Las escuelas deberían ser un lugar en el que las verdaderas necesidades de los niños se tuvieran mucho más en cuenta. Y no solamente en los comedores, sino también en las aulas.

El peor de los castigos: nuestra retirada de amor

Otra forma, mucho más sutil de castigar, se produce cuando le retiramos al niño nuestro amor, nuestra aceptación, atención o incluso nuestra presencia, lo que llamo «amor condicional o condicionado»: «Solo te acepto si te comportas como quiero». ¿Cuántos padres y madres decimos que amamos a nuestros hijos incondicionalmente y en realidad no lo hacemos, pues amar a alguien sin condición es quererle por lo que ya es y no por cómo esperamos que sea, cómo se comporta, si nos complace u obedece? Revisemos y admitamos que, en ocasiones, cuando nos hemos disgustado con alguno de nuestros hijos o alumnos por algo, les hemos mirado o tratado con desaprobación y retirado nuestro amor incondicional.

Esa retirada de amor es un castigo también, el peor, una forma de venganza: «Como no me gusta lo que tú has hecho, ahora yo te haré algo molesto a ti». Eso es lo que el niño recibe, seamos o no conscientes de ello. Por el contrario, si nos acercamos a un niño con afán de acompañarlo y entenderlo, le estaremos ayudando a ser consciente de las consecuencias de sus actos, así como a tener en cuenta sus sentimientos y necesidades y los de los demás. ¿Cómo puede alguien conectar con el malestar del otro si él mismo se siente mal? Si los castigamos, solo buscarán salvarse ellos mismos del desamor y de la incomprensión. Algunos incluso mienten o se vuelven deshonestos para evitar ser castigados. Sin darnos cuenta somos nosotros quienes les «obligamos» a mentirnos.

En la otra cara de la moneda, encontramos el premio: solemos premiar (comportamientos deseados) usando elogios intencionados. Así, cuando nuestros hijos hacen algo que nos gusta y queremos que sigan haciéndolo les decimos continuamente: «Muy bien», «qué bueno eres», «cómo te quiero», «me gusta que hagas tal o cual» o «qué contenta estoy». Hay quienes lo llaman «refuerzo positivo» o «disciplina positiva», pero yo le daría otro nombre: manipulación o control sutil. Cuando hagan algo que nos parezca positivo, invito a olvidarnos del simple «muy bien» y decirles, por ejemplo: «Lo has logrado

> Esa retirada de amor es un castigo también, el peor, una forma de venganza.

tú sola esta vez», «lo has hecho sin mi ayuda», «veo que te gusta pintar», «esta vez no me has necesitado», «veo que tenías mucha hambre hoy (cuando se acaban el plato), qué limpio lo has dejado...», y con ello les demostraremos que nos hemos dado cuenta de SU logro y de que nos importa. Reforzándolos positivamente con el típico «muy bien», lo que en verdad hacemos es emitir un juicio sobre lo que pensamos que ha hecho, y toda la atención recae en nuestra aprobación y no en su actitud, que es lo que realmente importa. Y al hacerlo de forma sistemática el niño creerá que, si no lo hace de igual modo, entonces estará «muy mal»: si acabarse el plato hace feliz a mamá, no acabarlo la hace infeliz. Esta forma de incentivar crea mucha inseguridad y dependencia emocional, con las consecuencias que ya conocemos.

> No es importante que mamá esté contenta, lo importante es que el niño se sienta satisfecho con lo que ha logrado.

Para fomentar su autoestima debemos poner el foco y toda nuestra atención en su acción y su logro, no en nuestro sentir, pensamiento, creencia o juicio. No es importante que mamá esté contenta, lo verdaderamente importante es que el niño se sienta satisfecho con lo que ha logrado. Muchas veces se les dice a los niños que algo que han hecho es muy bonito cuando en realidad a ellos no les gusta. «Pues a mí sí me gusta, cariño, es muy bonito», suelen decir muchos adultos con la buena intención de fomentar la seguridad en el niño, pero creamos el efecto contrario.

Veamos un ejemplo. Julia, que tiene nueve años, está a punto de salir de casa, pero no quiere porque no le gusta cómo le queda el pelo, a lo que su madre le dice: «Julia, mi amor, pero si te queda muy bien, a mí me gusta mucho». En ese momento Julia quizá se frustre y se sienta incomprendida, pero igual lo acepta y sale a pesar de no sentirse a gusto: «Lo que piensa mamá es más importante que lo que yo pienso o cómo yo me siento». Su madre no la valida, no la siente, no la tiene en cuenta. Para ella es más importante su sentir que el de su hija. Lo peor de todo es que la madre cree que lo hace por el propio bien de su hija. Pasa el tiempo y otro día, cuando Julia tiene doce años y se dispone a salir a la biblioteca, su madre la para y le dice: «Pero ¿dónde vas con ese pantalón y esa camiseta?». Julia responde: «A devolver estos libros a la biblioteca, mamá». «Pero ¿no ves que este pantalón no pega con esa camiseta?». «Mamá, a mí me gusta cómo queda». «Toma, querida, ponte esta otra». ¿Qué hace finalmente Julia? Pues cambiarse de camiseta para satisfacerla, pues lo que su madre piensa ha pasado a ser más importante. Pasa el tiempo y el escenario de Julia sigue siendo el mismo. Un buen día, con quince años, su madre le vuelve a dar su opinión sobre su ropa, sus amigas, su pelo o lo que sea, pero Julia ya no escucha a su mamá, se niega, se enfada y hace lo que quiere, necesita y desea, e incluso en ocasiones se frustra y rebela. Y esto tiene una razón simple. Julia se rebela porque en el pasado su madre ha actuado en contra de su biología: le ha negado sus experiencias, gustos, decisiones y necesidades. Se ha opuesto a su verdadero ser esencial durante demasiado tiempo. A Julia le duele demasiado no poder ser ella misma.

La madre de Julia se pone en contacto conmigo y me explica que su hija ya no la escucha y que se han distanciado mucho, la etiqueta de «rebelde» y no entiende por qué se comporta de este modo con ella. «Es que no me tiene en cuenta para nada», se queja la madre.

¿Qué es lo que realmente ha pasado entre Julia y su madre? ¿Quién no tuvo en cuenta a quién? ¿Sabéis a quién escucha Julia hoy? Julia viste como sus amigas, va a los mismos sitios cada fin de semana y hace todo lo que se espera de ella para poder pertenecer al grupo. En muchas ocasiones no le gusta lo que sus amigas beben o comen o con quién van, pero lo hace para ser aceptada y porque depende de su aprobación para sentirse bien. ¿Quién le ha enseñado a no escucharse y a complacer y obedecer? ¿Quién no le permitía tomar decisiones diferentes? ¿Quién le dijo cómo tenía que ser, vestir y qué debía hacer para sentirse aceptada?

¿A quién «obedece» Julia ahora? De niña obedecía y complacía a su mamá, ya que era lo más importante para ella; hoy lo más importante son sus amigas, el grupo; hace tiempo que ha dejado de escucharse a sí misma porque no fue lo bastante escuchada ni respetada en el pasado. Aprendió que lo que los demás piensen de ti es más importante que lo que uno piense de sí mismo. Aprendió a negarse y reprimirse. Olvidó quién era y no podrá llegar a ser quien verdaderamente ha venido a ser. Se está convirtiendo en alguien que en realidad no es.

Sin embargo, hay adolescentes (quizá no tantos como me gustaría) que sí pueden tomar sus propias decisiones, a pesar de lo que el grupo hace, si se les ha dado el permiso en casa para ser diferentes y han sido respetados en sus gustos e intereses. Nosotros, en casa, con nuestros tres hijos adolescentes y con algunos de sus amigos, lo vemos en muchas ocasiones. La adolescencia es una etapa maravillosa y es cuando realmente se pueden ver y sentir los beneficios de haber vivido bajo los principios y valores de mis cuatro raíces para una crianza consciente.

Esta madre, después de hacer mi formación *online* en Crianza Consciente y Educación Emocional (CCEE), tomó conciencia y habló con su hija desde el corazón, creando intimidad emocional y explicándole cómo veía las cosas ahora después de varios módulos, y le puso palabras a todo lo que sentía y había aprendido. Se disculpó por no haberse dado cuenta de que su actitud no había dejado que Julia llegase a ser la niña y adolescente que había venido a ser y, desde ese día, Julia y su madre reconectaron emocionalmente y la chica poco a poco fue encontrando su lugar en el mundo, con la ayuda de una mamá que ahora sí podía acompañarla, validarla, sentirla y entenderla.

Detrás de muchas palabras bien intencionadas encontramos mucha manipulación inconsciente, aunque no nos lo parezca. Con todo, hay que diferenciar un halago intencionado de otro que sale del corazón. Muchas veces les decimos: «Muy bien», con la intención de que sigan haciendo algo, pero lo mejor sería, como ya hemos visto, describir la acción, no enjuiciarla. «Lo has logrado tú solo», «¿cómo te sientes después de haberlo conseguido...?»: con frases como estas demostramos a nuestros hijos que nos importan.

¿Qué decir de las amenazas?

Lo primero que me viene a la mente es el miedo o la frustración que muchos sentíamos siendo niños cuando nos decían: «Si no..., te voy a...», o: «Si no..., te quedarás sin...», o: «Como no ven- gas ahora mismo, te vas a enterar». Propongo cambiar el «si no...» por un «cuando...» mientras estemos en el camino de dejar de amenazar. Por ejemplo: «Cuando hayamos terminado de recogerlo todo, podemos salir a dar esa vuelta», o, aún mejor; «¿Podríamos recogerlo todo antes de salir, por favor?». Muy diferente a decir: «Si no se recoge, no salimos», o: «Hasta que no esté todo recogido, no saldremos». Lo primero (utilizando el «cuando...») es una petición, e invita a cooperar, y lo segundo (utilizando el «si no...» o el «hasta...») es una orden y provoca rechazo. La forma en que nos comunicamos es crucial, nos conecta con el otro o nos desconecta emocionalmente.

¿Qué alternativas tenemos a los castigos o premios?

- Buscar la causa del malestar o necesidad no satisfecha en vez de poner el foco en cambiar el comportamiento.
- Lo importante no es el comportamiento, sino lo que lo alimenta.
- Poner el foco en el sentir del niño y no en cómo se comporta.
- Buscar soluciones conjuntamente con nuestros hijos.
- ¿Qué tienen ellos que decirnos? ¿Qué podríamos hacer nosotros por y para ellos antes de castigar o premiar?
- Explicarles cómo nos sentimos y/o cómo se sienten los demás cuando ellos hacen o dicen tal cosa.
- Ver qué necesidades no satisfechas tenemos nosotros, los papás y mamás o profesores, e intentar satisfacerlas y no proyectarlas sobre nuestros hijos o alumnos buscando que nos obedezcan.
- Preguntarnos cómo se siente el niño en tal o cual circunstancia. Y preguntarnos por qué no puede hacer o dejar de hacer lo que le pedimos.
- Intentar conectar con lo que el niño siente (hacerle sentirse bien, amado, aceptado...) y no querer solamente cambiar su comportamiento.
- Amarlos por lo que ya son y no por lo que hacen o dejan de hacer. Amarlos incondicionalmente.
- Amarlos y aceptarlos cuando menos se lo merezcan, porque será cuando más lo necesiten.
- Recordar que, cuando nos sentimos bien, nos comportamos bien.
- Hacer más cosas «con» los niños y no tantas cosas «a» los niños.

- No dar tantas órdenes ni poner tantos límites. Las órdenes crean resistencia y nos desconectan emocionalmente. No hay que olvidar que lo que limitamos lo invitamos.
- Explicar e informar más sin imponer nuestro criterio.
- Cuidar y proteger más y mejor para evitar poner tantos límites.
- Acompañar más y mejor para evitar controlar tanto.
- Utilizar un tono de voz más suave y dulce.
- Cambiar los gritos por nombrar qué nos pasa a nosotros.
- Validar más sus emociones y necesidades no satisfechas.
- Ofrecer más presencia por elección y no por obligación.
- Ofrecer tiempo exclusivo a cada hijo: hace milagros.
- Pedir desde el yo (nuestra necesidad) en vez de exigir (desde el tú y la autoridad).
- Reducir o eliminar nuestras críticas y nuestros juicios: ser más respetuosas y empáticas.
- Dejar de quejarnos todo el tiempo.
- Hablar más del aquí y el ahora y no tanto del pasado (evitar frases como: «Es que siempre haces...», «nunca escuchas», «cuántas veces te he dicho que...»). Esas frases sentencian y no permiten un cambio.
- Hacer nosotros de modelo, comportarnos con ellos como nos gustaría que ellos lo hicieran con los demás.
- Confiar más en nuestros hijos para permitir que lleguen a convertirse en quienes verdaderamente han venido a ser.
- La aceptación y el amor incondicional nos hacen mejores personas, tanto a las que lo reciben como a las que lo damos.
- Dejar de querer ganar batallas y simplemente evitarlas.
- Dejar de necesitar tener la razón para poder tener más paz. ¿Qué prefieres: tener la razón o tener paz en tu casa?
- Revisar nuestras creencias limitantes. Para poder hacer cambios necesitamos cambiar las creencias que alimentan

determinadas actitudes. ¿Quieres seguir castigando y premiando a los niños?

Sigue habiendo, en mi opinión, demasiados libros y «expertos» que aún, hoy en día, aconsejan a padres, madres y profesores utilizar las amenazas, los premios, los refuerzos positivos, las recompensas y sobre todo los castigos sutiles. Hay quienes dicen que no castigan, sino que usan «consecuencias» o el rincón de pensar.

Revisemos eso de las consecuencias. Una «consecuencia natural» es simplemente eso, el efecto natural de un acto. Por ejemplo, si llueve y salgo, me mojo; si tiro un vaso de cristal al suelo con fuerza, se rompe; si pego a alguien, le molesto o le hago daño. Así, una consecuencia natural sucede a pesar de nosotros, no podemos hacer nada, o casi nada, por evitarlo. Es el efecto secundario de la acción en sí, ¿verdad? Por tanto, cuando decimos que no castigamos a los niños y que simplemente «usamos» consecuencias, ¿qué significa eso exactamente en este contexto? ¿Son realmente las consecuencias naturales de su comportamiento o seguimos haciéndole algo al niño cuando no nos gusta su comportamiento? Cuando ejercía de profesora, recuerdo a compañeros decir que ellos no castigaban a sus alumnos, sino que «aplicaban» consecuencias. Pero estas no se pueden «aplicar», sino que suceden solas. Por ejemplo, decían que los alumnos que no terminaban los deberes se quedaban sin patio. Sin embargo, eso no puede ser una consecuencia natural. ¿Qué tiene que ver no haber terminado una hoja de sumas con salir a jugar? No dejar salir al patio a un niño no es una consecuencia natural, es un castigo disfrazado. Poner a un niño en el rincón de pensar es castigarle también. ¿Qué podría hacer

> No dejar salir al patio a un niño no es una consecuencia, es un castigo disfrazado.

un niño que como consecuencia natural se fuera al rincón de pensar? Es el adulto quien lo decide y lo impone como castigo, y eso no tiene nada de natural. La consecuencia natural de no haber hecho los deberes es que el profesor se molesta y le dan ganas de castigarme, pero si me castiga es porque lo ha elegido y decidido él. No es algo que suceda naturalmente ni que el niño provoque.

¿Cuál sería, entonces, la diferencia entre castigar y aplicar consecuencias?

La única diferencia es el nombre que se le da. Consecuencia o castigo, en este contexto, son lo mismo. Lo podemos disfrazar, pero para la vivencia real infantil del niño no cambia nada: «El adulto me hace algo desagradable cuando él lo decide así. Obedezco y hago lo que él quiere o, si no, me castiga».

Una consecuencia realmente natural sería la siguiente: dos niños juegan en casa de uno de ellos. Al que está en su casa al principio le gusta mucho compartirlo todo, pero, a medida que va pasando la tarde, se abruma de tanto desorden y ya no le gusta tanto que su amigo lo toque todo y lo saque todo. Consecuencia natural: ya no quiere compartir y empieza a guardar cosas. Consecuencia natural del invitado: se enfada y quiere irse o le dice algo feo. ¿Qué podrían hacer las madres de estos niños? Imaginemos este ejemplo en el contexto de la crianza convencional, antes de conocer las cuatro raíces. La madre del niño que no puede seguir compartiendo más (no es que no quiera compartir, es que se abrumó con tanto desorden) le dice a su hijo: «Vamos, Miguel, hay que compartir, es tu amigo, sé bueno». Pero el niño ya es bueno, simplemente necesita ayuda para gestionar tanto caos y puede que necesite de la presencia de su madre, que hasta ahora ha estado ausente o hablando con la otra.

Ahora, imaginemos a dos madres un poco más conscientes de la situación real y que practican las cuatro raíces para una crianza consciente. La madre de Miguel le podría decir: «Amor, veo que hay mucho desorden, ¿verdad? Vamos a ayudaros a recoger un poco. Creo que igual he estado hablando mucho con mi amiga. ¿Quieres que hagamos algo tú y yo, o los cuatro juntos?». En este caso, la mirada de esta madre no está en el hecho de compartir o no, sino que se focaliza en el hecho de estar presente con su hijo y validar y nombrar su necesidad no satisfecha. Está creando intimidad emocional.

Consecuencia natural: cuando no prestamos suficiente atención a los niños y estamos más pendientes de nuestras necesidades que de las suyas, se sienten mal y no pueden gestionar bien sus propias emociones intensas sin nuestra ayuda.

Consecuencia natural: cuando nos damos cuenta de nuestra falta de presencia y nos acercamos y les prestamos más atención, recuperan su paz y armonía interior y vuelven a poder jugar tranquilamente.

Consecuencia natural: cuando vuelven el orden y la paz, ya no le inquieta tanto compartir.

Invito a que nos cuestionemos la forma en que hablamos y tratamos a los niños. Sobre todo, nuestras creencias más limitantes, y propongo que dejemos de actuar por hábito, automática, impulsiva, inconscientemente y porque toca, porque nos criaron así, porque siempre lo hemos hecho así, porque eso es lo que se espera de nosotros, porque todo el mundo lo hace así... ¿Se nos olvidó cómo nos sentíamos siendo niños? Se nos olvida que ahora tenemos la libertad de poder tomar nuestras propias decisiones y que cada decisión nueva que tomemos en la vida nos llevará a un resultado, también, nuevo y diferente. Cuando empezamos a hacer cosas extraordinarias, empiezan a pasar cosas extraordinarias. Si hay algo en tu vida que no te gusta, te invito a parar, meditar durante un tiempo, reflexionar, cuestionarte, buscar ayuda o en quién inspirarte y luego tomar una decisión al respecto. Y, desde allí, tomar acción y hacer cambios maravillosos. Recuerda que hoy puede ser el primer día de tu nueva vida o de tu nueva forma de relacionarte con tus hijos. Tuvimos que reprimir tantas emociones y olvidar tantas experiencias hostiles que incluso negamos lo que un día sentimos y fuimos.

Nos tuvimos que anestesiar, emocionalmente hablando, para dejar de sentir y no sufrir más. Esa anestesia es la que hoy no nos deja sentir a nuestros propios hijos y demás niños.

> Nos tuvimos que anestesiar, emocionalmente hablando, para dejar de sentir y no sufrir más. Esa anestesia es la que hoy no nos deja sentir a nuestros propios hijos y demás niños.

Ya va siendo hora de empezar a hacer las cosas desde otro lugar y de que vayamos compartiendo con otras personas cercanas nuestro sentir y nuestro «darnos cuenta» de que SÍ hay otra forma mejor (más respetuosa y amable) de relacionarnos con los niños. Tenemos que atrevernos a cambiar y mejorar. Criar, educar y acompañar a nuestros tres hijos bajo esta mirada y practicando las cuatro raíces que te comparto en este libro no solamente ha hecho que tengamos un mejor vínculo afectivo con ellos, sino que me he convertido en mejor persona. La mejor forma de hacer esto es con nuestro ejemplo. Nosotros podemos ir cambiando ese modelo poco a poco (de generación en generación). Querer llegar a ser la madre que mis hijos necesitan me ha convertido en mejor persona.

Como dijo Gandhi: «Seamos nosotros el cambio que queremos ver en el mundo». Tratemos a nuestros hijos y a todos los niños de nuestra vida con más respeto y con más amor y olvidémonos de los castigos, las amenazas, los sobornos, los premios y las recompensas. Ellos lo merecen y nosotros lo agradeceremos.

Por último, ¿qué deseas que tu hijo recuerde de su infancia y de su relación contigo cuando sea mayor? Yo, personalmente, lo que más deseo desde lo más profundo de mi corazón es que cada uno de mis hijos pueda sentirse libre para convertirse en el maravilloso SER que ha venido a ser y que recuerde cómo yo simplemente le he ayudado y acompañado en su camino, y que cuando yo me equivocaba sabía que era algo mío y lo corregía o compensaba lo antes posible. Deseo que mis hijos se sientan amados incondicionalmente por mí a pesar de lo que hagan o digan. Cada día de mi vida tomo esta misma decisión y tengo esto en cuenta para no relajarme ni caer en comportamientos automáticos heredados.

Los castigos, los premios, los sobornos y las amenazas nos dan complacencia temporal y «compran» obediencia. Pueden provocar que alguien cambie de comportamiento pero a muy corto plazo (en el aquí y el ahora), y es por este motivo que nos parece que funcionan. Sin embargo, no pueden cambiar a la persona. No hacen que nos sintamos bien ni que seamos mejores personas.

7 REFLEXIONES para dejar de imponer límites arbitrarios a los niños

1. ¿Por qué creemos que hay que limitar tanto a los niños?
Muchos adultos seguimos creyendo que los niños necesitan límites porque pensamos que, si los escuchamos, respetamos y sentimos emocionalmente, se malcrían y luego no sabrán vivir en sociedad o se frustrarán cuando alguien no les pueda complacer.

Los niños necesitan tan solo ser informados respetuosamente sobre algunos límites de seguridad o convivencia; sin embargo, solemos darles órdenes y los limitamos arbitrariamente con demasiada frecuencia, ejercemos nuestro poder sobre ellos en vez de intentar satisfacer sus necesidades más primarias, básicas y legítimas. No obstante, cuanto más limitamos, más se rebelan y más control pensamos que necesitamos ejercer sobre ellos. La verdad es que somos los adultos quienes empezamos esta rueda de desconexión y malestar entre padres e hijos.

Los niños que llamamos «desafiantes», «retadores» o «rebeldes» son precisamente los que han sido más limitados y controlados arbitrariamente. Cuando actúan así, en realidad es el síntoma y la consecuencia de la falta de vínculo afectivo,

> *Pensamos que, si los escuchamos, respetamos y sentimos emocionalmente, se malcrían.*

presencia, validación y, sobre todo, a la falta de intimidad emocional (las cuatro raíces). Se sienten impotentes, confusos y frustrados; por tanto, cuando tengan la más mínima ocasión, intentarán rebelarse, oponerse y hacer eso que no está permitido. Ya sabemos que lo que limito invito. Han sentido su pulsión más vital negada tantas veces que ya no pueden anestesiar más su malestar y se rebelan contra cualquier situación injusta, limitante, o cuando sienten que su ser esencial no está siendo respetado. Duele demasiado tener que dejar de ser uno mismo para recibir la aprobación de los padres y demás adultos.

Por el contrario, son nuestros hijos quienes deberían poder tener la libertad de ponernos algún límite a nosotros cuando no los respetemos, escuchemos o acompañemos como legítimamente necesitan y merecen. En casa siempre les hemos pedido a nuestros hijos que nos hagan saber si no les estamos tratando como necesitan, y la verdad es que es maravilloso ver cómo nos lo recuerdan en las ocasiones en que no somos lo suficientemente amables, pacientes o respetuosos con ellos.

2. Limitar apaga la motivación intrínseca, la creatividad innata y la pasión

Una vez los niños empiezan a ser autónomos, los adultos comenzamos a limitarlos diciéndoles «no» muchas veces a lo largo del día, y esta negativa es interpretada por el pequeño como una negación de su verdadero ser esencial, de su pulsión innata y vital, de su necesidad de explorar el mundo que lo rodea, pues no puede entender los miedos y las necesidades de los adultos ni conectar con ellos.

Se suele creer que, alrededor de los dos años, los niños pasan por la etapa del «no». Pero ¿realmente es una etapa natural del desarrollo de un ser humano? Bien es verdad que el ser humano pasa por diversas etapas naturales, como la de apego, lactancia, gateo, dentición, sensorial-motriz, infancia, niñez, adolescencia... Sin embargo, dudo que la del «no» sea una etapa natural, más bien parece ser un efecto-síntoma-consecuencia de nuestro afán de limitación. Lo que ocurre es que, alrededor de los dos o tres años, empiezan a ser mucho más autónomos, a sentir más curiosidad y a moverse con más libertad, y muchos adultos no somos capaces de satisfacerlos ni sostenerlos emocionalmente. Cuando nos cuesta sostener o acompañar algo, lo solemos limitar o controlar. Esta nueva situación nos puede llegar a abrumar tanto que algunos necesitaremos empezar a limitar incluso sus impulsos más innatos y vitales para no descontrolarnos. Tantas negativas y tantos límites difusos provocan en los pequeños mucha confusión, impotencia, frustración e incluso rabia, y en ellos aparece el famoso «no» por todo, su forma de reafirmarse y decirnos: «Necesito que me acompañes más y mejor en mis necesidades en vez de limitarlas tanto, necesito poder ser más yo misma, necesito moverme con más libertad, necesito de tu ayuda, tu presencia, tu calma y que me muestres con tu ejemplo cómo poder lograrlo. Valídame cuando no me lo puedas dar».

En teoría, esa motivación, esa pasión por verlo y tocarlo todo, ese interés por lo nuevo es lo que deseamos fomentar en los niños y adolescentes, pero, cuando muestran esa actitud por aprender, explorar y tocar, nuestra respuesta suele ser: «Esto no se toca, no lo abras, así no, ahora no, de este modo no, tú no sabes, aún no, por aquí no, no te muevas tanto, ¡para!, ¡espera!, ¡déjame!, ¡cállate!, ¡cuidado! ¡te vas a caer!».

Es la falta de modelos propios, familiares, sociales, y la falta de confianza en los procesos naturales y vitales de los niños lo que nos lleva a limitarles en exceso, y muchos de estos límites no son por su seguridad o bienestar, sino para satisfacer nuestras necesidades de control, calma, silencio y tranquilidad. Los niños necesitan saber y comprender el porqué de las cosas, por lo que resulta lógico que un «no» arbitrario les provoque malestar, que a su vez crea una resistencia a aquello que necesitamos o queremos limitar. Los niños necesitan que les informemos respetuosamente de un límite. No se trata de no limitar, sino de acompañar, guiar, informar, cuidar y proteger. Pongamos un ejemplo: nos es más fácil limitar su necesidad motriz y pedirle que no se mueva tanto en casa de la abuela que bajar un rato al parque para que pueda satisfacer su necesidad de movimiento un ratito y luego volvamos a la casa. Para un niño, tener que reprimir su necesidad motriz es muy complicado, difícil, confuso y doloroso, ya que todo su cuerpo lo necesita y lo pide a gritos. No puede dejar de necesitar moverse. Por mucho que neguemos una necesidad, esta no desaparece como por arte de magia, sino que se desplaza en otros comportamientos: nerviosismo, intranquilidad, malestar general, gritar, morderse las uñas, agresividad, rebeldía, rabia...

3. No somos conscientes de que la falta de presencia, intimidad emocional y de información es lo que hace que el entorno sea realmente peligroso

Algunos autores hablan sobre cuándo, cómo y dónde hay que poner los límites a los niños. Pero ¿por qué limitar a los niños pudiendo estar más presentes para comunicarnos e informarles de los peligros o de nuestras necesidades? Solemos dar órdenes, imponer nuestro criterio, proyectar nuestros miedos e inseguridades y anteponer nuestras necesidades a las suyas. Cuando informamos a los niños del peligro de algo, pueden conectar más y mejor con nuestras necesidades, ya que les estamos hablando desde «nuestro YO» y les pedimos cooperación. Recuerda que, a mayor conexión, mayor cooperación. No es lo mismo pedir que ordenar o exigir, ni es lo mismo informar que limitar u obligar. Informar es hacer algo a favor de la relación y del niño, limitar arbitrariamente es ejercer el poder a nuestro favor, y esto nos desconecta de nuestros hijos y lastima nuestra relación. Y es precisamente esta falta de conexión lo que provoca que continuemos imponiendo tantos límites innecesarios. Cuantos más límites arbitrarios impongamos, menos credibilidad tendremos, y cuando en alguna ocasión haya un peligro de verdad no sabrán diferenciarlo, ya que hay límites por todas partes y por todo.

Si nuestro hijo es pequeño y quiere hacer algo que nos inquieta, como, por ejemplo, cortar algo con un cuchillo afilado y grande, subirse a un árbol, saltar en un lugar sin protecciones, correr en medio de una calle muy transitada..., lo más sensato será hablarle a su altura, acompañarle con cariño y explicarle los peligros, nuestros miedos y nuestra necesidad de cuidarle y protegerle. Si es muy pequeño, podemos usar palabras, gestos, contacto visual y un tono de voz amable y cariñoso (muchas veces no hará falta un «no»), y si se le ha hablado desde bebé y hemos compartido nuestro sentir y nombrado la verdad sin imponerle nuestros límites, le será mucho más fácil respetar un «no» cuando realmente sea necesario. Lo más peligroso es la falta de información y la falta de nuestra presencia o conexión emocional. Es más rápido y fácil decirle a un niño que no toque un cuchillo, por ejemplo, que acompañarle respetuosa y calmadamente para que pueda usarlo con seguridad mientras nosotros le ayudamos a cortar: con nuestra presencia pueden experimentar más y mejor su entorno.

> Lo más peligroso es la falta de información y la falta de nuestra presencia o conexión emocional.

4. ¿Dónde ha quedado la complacencia y el amor incondicional?

Solemos rechazar comportamientos de nuestros hijos que hemos propiciado con nuestra actitud autoritaria y poco respetuosa pero, por lo general, no somos conscientes de ello. El amor y el buen trato no tienen por qué desaparecer al informar de un límite, pues no se trata de no limitar a los niños, sino de CÓMO se ponen y se informa de dichos límites. Generalmente, limitamos por miedo, por inseguridad, por falta de tiempo y paciencia y por nuestro bien y no por el de ellos, pero, si anteponemos la relación con nuestros hijos a todo lo demás, en muy pocas ocasiones nos será necesario un NO rotundo. Solemos negar sus deseos y necesidades sin darles otras opciones, y esto les genera mucho malestar.

5. ¿Qué tienen que ver los límites con que los niños tengan tantas expresiones-reacciones emocionales automáticas (rabietas)?

Muchas de las expresiones emocionales de los niños, lo que comúnmente se nombra como «rabietas», se producen por falta de presencia y exceso de límites y control, pues sentirse ignorados, solos, negados y limitados les provoca mucha confusión, impotencia y mucho malestar: el niño recibe continuamente el mensaje de que está equivocado cuando siente un impulso natural, de que no debería sentir ni necesitar eso que su cuerpo manifiesta. Y este es un aprendizaje que viene de lejos. La represión en la infancia no se evapora como por arte de magia. Tarde o temprano sale de forma descontrolada y, en ocasiones, desproporcionada. Siendo niños solo tenemos

> La represión en la infancia no se evapora como por arte de magia. Tarde o temprano sale, y de forma descontrolada.

dos opciones: sentir y expresar nuestras emociones y necesidades o reprimirlas. Un niño sumiso, complaciente, obediente y sometido tendrá que negar su verdadero ser esencial, sus impulsos vitales y anestesiar toda su vitalidad. Y es esta falta de conexión emocional entre padres e hijos lo que provoca tantas reacciones y expresiones emocionales intensas, «rabietas», que no son más que reacciones emocionales de frustración e impotencia por no poder ser ni expresarse, por falta de presencia, por malestar, por necesidades no satisfechas ni validadas o por desconexión y falta de intimidad emocional.

6. ¿Por qué nos cuesta tanto complacer, acompañar, sostener, escuchar y dejar de limitar arbitrariamente a nuestros hijos?

Nos cuesta tanto precisamente porque nosotros de niños no tuvimos suficiente presencia ni tampoco la pudimos recibir de nuestros padres ni demás adultos. Y, de manera inconsciente, lo proyectamos sobre nuestros hijos, pidiéndoles obediencia y complacencia inmediata mediante diversas estrategias y comportamientos manipulativos.

Es mucho más fácil respetar, escuchar, acompañar y amar incondicionalmente a un niño que sanar a un adulto que no fue amado de niño.

Cuando no somos capaces de controlar nuestras propias emociones es cuando más necesitamos controlar las de los demás, y en el momento en el que no tenemos suficiente madurez emocional ni podemos gestionar lo que sienten los niños deseamos que dejen de sentirlo. Lo que más nos va a costar darles es precisamente lo que más nos faltó a nosotros de niños y adolescentes. De la misma forma, cuando no nos gusta lo que

> Sería necesario ver QUÉ es lo que están sintiendo y no solo ver CÓMO se están comportando.

hacen, pretendemos que rectifiquen o dejen de hacerlo sin preocuparnos de lo verdaderamente importante: responsabilizarnos de nuestra actitud hacia ellos también.

Sería necesario ver QUÉ es lo que están sintiendo y no solo ver CÓMO se están comportando. Su actitud es el resultado y la manifestación de lo que sienten y experimentan. Y nosotros como adultos somos responsables en gran medida de ello.

> Ver, sentir, comprender y amar a un niño incondicionalmente cuesta.

7. ¿Qué es lo que te pasa por dentro cuando tú hijo siente o hace tal cosa?

Eso que nos pasa a nosotros por dentro no tiene tanto que ver con el comportamiento o la actitud del niño, sino con nuestra propia historia personal, nuestra inmadurez emocional, nuestra falta de gestión emocional y, sobre todo, nuestra incapacidad de conectar con su vivencia real infantil. Solemos juzgar su comportamiento de modo que el conjunto de todos esos pensamientos y emociones encontradas es lo que realmente nos enfada, además de la falta de conexión y comprensión. Practicar las cuatro raíces nos permitiría poder mejorar y sanar el vínculo afectivo con ellos.

Honestamente, no somos capaces de estar presentes (raíz 1) con nuestro hijo. No podemos sentirlo, ni validar (raíz 2) sus emociones, sentimientos o necesidades. Nos cuesta nombrar (raíz 3) lo que sentimos, lo que nos pasa por dentro y reconocer y aceptar nuestra verdad. También nos cuesta mucho crear un ambiente de intimidad emocional (raíz 4) con ellos, ya que muy probablemente nunca lo hubo. Nuestra actitud nos aleja de ellos emocionalmente, de sus vivencias y necesidades. La verdad es que ver, sentir, comprender y amar a un niño incondicionalmente cuesta.

Por último, me gustaría compartir algunas ventajas que he podido observar al dejar de limitar tanto a los niños:

- Mejora la relación entre padres e hijos. Creamos menos resistencias y más escucha activa mutua. Mejoramos la comunicación y la conexión emocional con ellos.
- Nuestros hijos no tendrán la necesidad de ejercer el poder sobre los demás ni de someterlos, ya que ellos no lo habrán experimentado.
- Tendrán más criterio propio en la toma de decisiones importantes, ya que confiarán en su propio registro interno, en lo que verdaderamente sienten y desean, al no habérselo negado ni haber tenido que reprimirlo.
- Evitamos la rebeldía y violencia en la adolescencia por falta de comprensión, mirada y conexión emocional. Pensamos que la rebeldía es una etapa natural en la vida y no somos conscientes de que es el efecto secundario (síntoma) del gran malestar interno que sienten, la soledad y la desconexión de los padres vividos en la infancia.
- Habrá más cooperación. Cuando uno se siente tenido en cuenta, es escuchado y respetado, aprende a respetar y a tener en cuenta a los demás.
- Serán más empáticos con las necesidades de otras personas. Fomentaremos la seguridad y, por tanto, no lastimaremos su autoestima.
- Serán más autónomos. No dudarán continuamente ni necesitarán de la aprobación de los demás.
- Serán niños y adolescentes más felices y estarán más conectados con su verdadero ser esencial.
- No necesitarán seguir perpetuando una generación más este mismo «mal trato» hacia sus propios hijos. Podrán cortar la cadena transgeneracional.

> No olvidemos que es mucho más fácil respetar, escuchar, acompañar y amar incondicionalmente a un niño que sanar a un adulto que no fue amado de niño.

- No tendrán leer un libro como este para poder llegar a ser los padres que sus hijos necesiten, ni para comprender la verdadera alma infantil de los niños, ya que no será necesario sanar sus propias infancias. Simplemente podrán acompañar las necesidades de los niños y ofrecerles de forma natural lo que ellos mismos recibieron durante la infancia y adolescencia.
- Y, finalmente, podremos cambiar y mejorar el mundo en una sola generación. Creando, al fin, una epidemia de niños respetados, escuchados y amados incondicionalmente como necesitan.

Solemos rechazar comportamientos de nuestros hijos que hemos provocado con nuestra actitud autoritaria y poco respetuosa. El amor no tiene por qué desaparecer al informar de un límite respetuosamente. No se trata de no limitar a los niños, sino de CÓMO se abordan dichos límites. Limitamos por nuestro bien y no por el de ellos, actuamos en nuestro favor y no en el suyo. Si anteponemos la relación con nuestros hijos a todo lo demás, veremos que en muy pocas ocasiones nos será necesario un NO rotundo.

Control, autoridad y uso del poder frente a complacencia, libertad y respeto

Cuando no podemos controlar nuestras propias emociones es cuando necesitamos ejercer más poder y control sobre las actitudes y emociones de los demás, especialmente de los niños. Necesitamos controlar para no descontrolarnos. Pretendemos controlar sus llantos, sus expresiones emocionales (rabietas), sus enfados, queremos acallarlos, silenciarlos y negarlos. Les exigimos que se calmen y se callen para poder recuperar nuestra calma y paz interior. No los acompañamos ni ayudamos cuando más nos necesitan. Les ignoramos, rechazamos o castigamos. Les pedimos que se controlen cuando nosotros no sabemos ni podemos controlarnos. Abusamos de ellos pretendiendo que satisfagan nuestras necesidades cuando las suyas no lo están. Ellos nos necesitan para poder satisfacerlas. Nosotros no deberíamos necesitarles para satisfacer las nuestras.

> Les exigimos que se calmen y se callen para poder recuperar nuestra calma y paz interior.

Esta forma de vincularnos con tanto control, límites, miedo y autoridad impuesta es, simple y llanamente, abuso emocional. Cuando les exigimos obediencia ciega y no hay cabida para dos necesidades ni dos deseos, sino que solo hay cabida para el del adulto, cometemos un grave error, y no somos conscientes de que todo ese control nos desconecta y nos distancia emocionalmente de nuestros hijos lastimando nuestra relación. Un niño adaptado o sometido se desconecta de sí mismo, se olvida de quién vino a ser para poder adaptarse y convertirse en la persona que pretendemos que sea, en alguien distinto, distanciándose cada vez más de su verdadero ser esencial. Y como no podrá dejar de querer a sus padres, dejará de quererse a sí mismo. Cuanto peor tratamos a un niño, peor persona pensará que es.

Entonces es cuando empezamos a crear nuestro personaje, ese ser que nos dará refugio y seguridad para seguir obteniendo el reconocimiento de los demás, especialmente el de mamá y papá. Y ese personaje no permite que nuestro ser esencial pueda florecer, pues no hay cabida para ambos.

Seguimos ejerciendo el poder y controlamos a los niños porque nosotros también fuimos tratados así y perpetuamos una generación más los mismos patrones: el adulto manda y el niño obedece. Solo un niño que fue controlado y limitado arbitrariamente necesitará limitar a los demás siendo niño, adolescente y luego adulto. Recordemos: aprendemos a respetar habiendo sido respetados y aprendemos a amar habiendo sido amados incondicionalmente.

> El controlar solo nos lleva a necesitar controlar cada vez más.

Ejerciendo tanto control provocamos comportamientos no deseados y pensamos que dichos comportamientos son por falta de límites, control o autoridad. No nos damos cuenta de que el verdadero problema es el excesivo abuso emocional que ejercemos sobre los niños y no la falta de control. El controlar solo nos lleva a necesitar controlar cada vez más.

Veamos a continuación de forma resumida las diferentes formas de control más comunes que ejercemos sobre nuestros hijos:

- **Controlamos sus cuerpos.**
  No les permitimos moverse en libertad. Algunos niños deben permanecer sentados o quietos más horas de las que su cuerpo puede soportar, pues no tenemos la capacidad de sostener su necesidad motriz, y se nos olvida compensar y satisfacer esa necesidad de movimiento después de largas horas en la escuela, por ejemplo.

- **Controlamos sus emociones.**
  No les permitimos expresar su frustración, su impotencia, su rabia, su odio ni su enfado. A algunos no se les permite llorar.

- **Controlamos sus ritmos biológicos de hambre y saciedad.**
  A muchos niños los fuerzan a comer sin hambre y otros deben esperar a que sea la hora de comer cuando tienen hambre. A algunos los obligan a ingerir alimentos que no les gustan o que su cuerpo rechaza.

- **Controlamos su sueño.**
  Pocos niños pueden seguir su ritmo biológico natural y dormirse cuando verdaderamente tienen sueño y despertarse cuando ya no lo tienen. Deben dormirse a una hora concreta y se les suele despertar también según un horario preestablecido. Vivimos en una sociedad muy poco a favor de la infancia y sus verdaderas necesidades. Necesitamos una sociedad más ecológica y menos adultocentrista.

- **Controlamos sus esfínteres.**
  Pocos adultos respetamos y esperamos a que estén realmente preparados para dejar de usar los pañales cuando en realidad fuimos nosotros quienes se los empezamos a

poner. Hay familias que practican la higiene natural: no usan pañales desechables. Decidimos cuándo es el mejor momento y no ellos; solo un niño sabe el momento perfecto en el que su cuerpo está preparado para ello.

- **Controlamos su carácter.**

    Pretendemos que sean menos tímidos, reservados, prudentes, más extrovertidos o menos habladores. Nos cuesta aceptarlos y acompañarlos tal y como son, pues pensamos que necesitan ser dirigidos o corregidos.

- **Controlamos su aprendizaje**.

    Decidimos qué deben aprender, cuándo, cómo y a qué ritmo. Muy pocos niños pueden disfrutar aprendiendo aquello que verdaderamente les interesa o les apasiona. Algunos llegan a anestesiar sus gustos, sus pasiones, sus opiniones, sus deseos e intereses, y de tanto ignorarlos se acaban olvidando de aquello que les apasionaba y de cuáles eran sus talentos naturales. Muchos trastornos de aprendizaje se deben a que los forzamos a hacer conexiones neuronales (leer y calcular) antes de que estén neurológicamente preparados. No todos los niños aprenden a andar ni a hablar en el mismo mes. Tampoco todos están preparados para hacer esas conexiones neuronales a la misma edad. Cada uno tiene su ritmo, forzarlo no es positivo. Les robamos o lastimamos la motivación intrínseca, la curiosidad innata e incluso la creatividad con la que nacieron.

- **Controlamos sus decisiones.**

    Pensamos que sabemos mejor qué les conviene a nuestros hijos. Muchos niños y adolescentes no pueden elegir ni la ropa que prefieren ponerse o el peinado que les gusta más o qué les gustaría hacer con su tiempo libre o el fin de semana o cómo desean decorar su habitación.

- **Controlamos sus momentos de juego libre.**
  Algunos niños no pueden jugar libre ni espontáneamente. Sus horas de juego se ven muy reducidas y controladas. Muchos niños pasan muchas horas en lugares cerrados, y la falta de contacto con la naturaleza también pasa factura. Los niños necesitan pasar largas horas en contacto con ella y jugando libremente.

Es una lástima que hoy en día se viva de una forma tan alejada de nuestra verdadera naturaleza humana. Cuanto más necesitemos controlar el cuerpo, el carácter, las emociones, los ritmos, las decisiones, el juego, el comportamiento e incluso lo que nuestros hijos piensan, mayor desconexión y peor relación tendremos y más lastimaremos a su ser esencial. Cuando controlamos a los niños, no nos involucramos ni nos relacionamos con ellos, simplemente no hay relación, no hay vínculo afectivo. Solo hay uso del poder sobre el otro: los sometemos. Sé que duele leer esto, a mí también me duele escribirlo, pero es vital que nombremos la verdad y tomemos conciencia para poder empezar a hacer algunos pequeños cambios que nos acerquen para mejorar el vínculo afectivo con ellos. Si no aceptamos ni nombramos lo que verdadera y socialmente está pasando y lo que les estamos haciendo a los niños de nuestra vida (y nos hicieron a nosotros) no podremos empezar a mejorar nuestra relación. Si realmente queremos cambiar y mejorar el mundo en una sola generación, es urgente y vital amarlos más y mejor. El egocentrismo de un niño se acentúa

> Pensamos que sabemos mejor qué les conviene a nuestros hijos.

> **Cuando controlamos a los niños no nos relacionamos con ellos.**

cuando sus necesidades no son satisfechas ni tenidas en cuenta y no le permiten empatizar con las necesidades de los demás.

La verdad es que a los niños se les permite elegir y decidir en muy pocas ocasiones. Dirigimos sus vidas y les sacamos de sus ritmos vitales continuamente. Hay muy pocos espacios realmente pensados para ellos. Muy pocos niños pueden ser ellos mismos sin miedo a ser limitados, rechazados o castigados. Aunque vivamos en sociedad, tengamos vidas ocupadas, trabajemos fuera de casa, tengan que ir a la escuela, hacer deberes aburridos y no podamos satisfacer muchas de sus necesidades más legítimas, no olvidemos que SÍ podemos elegir compensarlos, acompañarlos y tenerlos en cuenta, ya sea por las tardes, los fines de semana o en periodos de vacaciones. Invito a dejar de poner tantas excusas y de justificarnos para seguir tratándoles así, y a poner más el foco en cómo, cuándo y de qué manera podríamos todos empezar a tenerlos MUCHO más en cuenta.

Lo opuesto al miedo es el amor. Si empezamos a amar más y mejor a los niños de nuestra vida, veremos que la necesidad de controlar disminuye.

Cuando no hay vínculo, ni presencia, ni intimidad emocional, ni conexión, ni comunicación, ni validamos, ni nombramos, ni pasamos suficiente tiempo de calidad con ellos, es cuando más necesitaremos ejercer el poder y el control sobre los niños. Controlamos el ambiente y a los niños para evitar tomar conciencia y responsabilizarnos de todo lo que no podemos ni estamos dispuestos a darles y que tanta falta les hace y merecen. Repito, su comportamiento no es debido a la falta de control o de límites, sino a la ausencia de todo lo mencionado anteriormente.

Nos falta más:

AMOR • TIEMPO • PRESENCIA •
VÍNCULO • OBSERVACIÓN • CONCIENCIA •
COMPASIÓN • INTERÉS • INICIATIVA •
CREATIVIDAD • CURIOSIDAD • MOTIVACIÓN •
INFORMACIÓN • CUESTIONAMIENTO •
COMPROMISO • RESPONSABILIDAD • DECISIÓN •
RECURSOS • DISPONIBILIDAD • APOYO •
VALOR • CONFIANZA • COMPAÑERISMO •
AUTENTICIDAD • ESPONTANEIDAD • IGUALDAD •
LIBERTAD • APERTURA • NATURALIDAD •
FLEXIBILIDAD • RESPETO • PAZ •
COMUNIDAD • TRIBU

Y nos sobra tanto:

CONTROL • LÍMITES • ÓRDENES • GRITOS •
REPRESIÓN • ABUSO • DESCONFIANZA • MIEDO •
DISCUSIONES • RIGIDEZ • AUTORIDAD • PODER •
OBEDIENCIA • IMPOSICIÓN • DESIGUALDAD •
RIVALIDAD • SERMONES • AMENAZAS • PREMIOS •
CASTIGOS • JUICIOS • CRÍTICAS •
COMPETITIVIDAD • SOLEDAD • AGRESIVIDAD •
VIOLENCIA • DOLOR • VERGÜENZA • INMADUREZ

Si verdaderamente queremos dejar de ejercer tanto poder y control sobre los niños y empezar a ser adultos más respetuosos, amables, pacientes, amorosos, flexibles y responsables, necesitaremos confiar más y guiarnos por los procesos naturales de los niños, e intentar conocerlos más y mejor para crear un ambiente, tanto en casa como fuera de ella, en donde puedan desarrollarse de forma más alineada con nuestro verdadero diseño humano. Esa es nuestra única responsabilidad: prepararlos, acompañarles y empoderarles para que puedan escucharse, amarse y confiar en su voz interior para poder convertirse en los seres maravillosos que cada uno de ellos quiera ser. Ellos ya han venido con su propósito de vida y nos necesitan para poder llevarlo a cabo.

> Prepararles, acompañarles y empoderarles para que puedan escucharse, amarse y confiar en su voz interior.

Un niño que ha sido controlado y poco satisfecho no saldrá al mundo empoderado y seguro de sí mismo, sino temeroso, inseguro y dependiente. Un adulto solo podrá estar seguro de sí mismo si siendo niño hubo adultos dispuestos a escucharle y que confiaron en él. ¿Cómo podrán escucharse y confiar en sí mismos si no hemos confiado en ellos? Crecerán pensando que los demás saben mejor que ellos lo que les conviene. Dependerán de la aprobación de los demás igual que nos sucede a nosotros hoy. De niños dependemos de mamá y papá, de adultos seguimos dependiendo de ellos y además dependemos de nuestras parejas y demás personas.

> Los niños y adolescentes se rebelan porque actuamos en contra de su naturaleza y de su biología.

¿Quieres que tus hijos también necesiten controlar a tus nietos o prefieres tener una relación más respetuosa, amable, amorosa y pacífica con ellos hoy y liberar a las generaciones futuras?

Hoy en día hay muchos adolescentes muy distanciados emocionalmente de sus padres, y esta distancia no se ha creado de un día para otro. Los niños y adolescentes se rebelan porque actuamos demasiado en contra de su naturaleza y de su biología. La adolescencia es el puente entre la infancia y la vida adulta. Lo que en ella suceda y cómo los acompañemos ya casi será determinante para el resto de su vida. En la adolescencia podemos sanar muchas heridas y errores pasados y compensar muchas necesidades no satisfechas.

Practicando mis cuatro raíces para una crianza consciente con nuestros adolescentes podemos lograr milagros. He sido testigo de verdaderos cambios maravillosos en muchas de las alumnas de mis cursos y talleres, especialmente en el máster profesional Dar Voz al Niño.

No podemos abordar la adolescencia de un joven sin antes revisar el escenario completo de su infancia y ver qué necesitó y qué obtuvo realmente. La adolescencia es su segunda oportunidad para poder llegar a ser quien vino a ser. Y también es nuestra ÚLTIMA oportunidad para poder darles y ofrecerles lo que legítimamente necesitan de nosotros antes de que empiecen su vida sin nosotros y dejen el hogar.

Muchas personas, expertos y profesionales piensan que la infancia es el periodo de entrenamiento para ser adolescentes y que la adolescencia lo es para llegar a ser adultos. No obstante, no nos damos cuenta de que es necesario vivir cada etapa de nuestra vida en el preciso momento que toca para evitar tener que postergar, proyectar y desplazar necesidades no satisfechas que crearán heridas y vacíos emocionales. Los niños no necesitan aprender a ser adultos ni ser entrenados para ello. No podemos entrenar ni enseñar a nadie a ser respetuoso y amoroso si no es con respeto y amor. Los niños necesitan estar rodeados de adultos sanos emocionalmente, dispuestos a acompañarlos amablemente y a darles un buen modelo.

Sin embargo, nos surge la necesidad de seguir controlándolos, pues el control nos da seguridad, es el refugio de nuestro personaje. Es lo que aprendimos de nuestros padres y demás adultos de nuestra vida. Es lo que aún vemos en esta sociedad.

Sin embargo, hoy podemos tomar conciencia, tomar nuevas decisiones y comprometernos a actuar desde otro lugar, y este cambio pasa por darnos cuenta de que no necesitamos dominar ni cambiar a los niños, sino que somos nosotros los que precisamos de ese cambio. Tenemos que dar voz a nuestro niño interior aún herido y necesitado para luego poder dar voz a todos los demás niños de nuestra vida.

Un niño necesita desconectarse de su ser esencial para poder adaptarse y convertirse en quien nosotros pretendemos que sea, y de esta manera se distancia cada vez más de la persona que ha venido a ser para convertirse en alguien distinto en busca de mirada y aprobación.

Cuanto peor tratamos a un niño, peor persona pensará que es, y, como no podrá dejar de amar a sus padres, dejará de quererse a sí mismo.

Disciplina versus libertad y respeto

En primer lugar, me gustaría hablar sobre cuál es la intención real que tenemos al pretender disciplinar a los niños. Imponer disciplina no deja de ser una actitud conductista: hacerle algo a alguien para que haga lo que nosotros queremos o necesitamos. Propongo revisar la creencia de que imponer disciplina para conseguir, fomentar o corregir comportamientos, cualidades, actitudes o valores en los niños no es precisamente lo que ayuda a un niño a llegar a SER él mismo, ni le conecta con su SER esencial, ni saca lo mejor que hay en él.

La disciplina que muchos niños y adolescentes se autoimponen para que se los valore y poder, así, sentirse reconocidos, aceptados y merecedores de amor no es un verdadero interés, una curiosidad real, ni motivación intrínseca auténtica. Lo que muchos adultos pretendemos con la autodisciplina es que los niños se conviertan en adolescentes y adultos exitosos, ¿verdad? De esta forma, podríamos considerar que esta característica es una cualidad positiva; no obstante, si lo vemos desde el punto de vista del niño, no deja de ser un acto de

> Lo que muchos adultos pretendemos con la autodisciplina es que los niños se conviertan en adolescentes y adultos exitosos, ¿verdad?

obediencia a la autoridad. Muchos niños tienen interiorizado que deben hacer esto o lo otro para satisfacer a sus padres o profesores, por lo que son autodisciplinados con el fin de seguir sintiéndose bien y evitar la ansiedad, el estrés o el sentimiento de culpa. La autodisciplina no se puede «enseñar», la solemos imponer y se introyecta para controlar la fuerza de voluntad. Y, puesto que la necesidad de mirada y aprobación es su mayor objetivo, los niños harán lo que sea para poder obtenerla. Por el contrario, si algo nos interesa de verdad, lo haremos el tiempo necesario para obtener los resultados que deseamos, por lo que no necesitaremos «aprender» ni imponer la autodisciplina.

Si la escuela exige a los niños hacer tareas, no debemos olvidar que viene impuesto desde fuera, y no es una buena idea obligarlos a hacerlo, castigarlos o premiarlos por ello, sino acompañarlos, ayudarlos y pasar tiempo con ellos. Al validar sus emociones o su falta de interés, el niño se siente comprendido y tenido en cuenta: cuanta más conexión, más cooperación. El grado de implicación que un niño muestra en una tarea está inversamente relacionado con el grado de interés que tiene, por lo que nuestra mirada debería focalizarse en cómo hacer que la tarea sea más interesante y divertida. A todos nos cuesta y nos aburre realizar tareas que no nos interesan, y a los niños también.

> Nuestro foco debería estar en cómo hacer que la tarea sea más interesante y divertida.

Solemos pensar que ir a la escuela o hacer los deberes son el equivalente al trabajo de los adultos, pero esto no es verdad desde el punto de vista del niño, ya que no ha sido una decisión suya ni ir a la escuela ni hacer deberes. Hay niños que aprenden en centros o proyectos educativos alternativos mucho más respetuosos con sus necesidades e incluso hay niños y adolescentes que viven, crecen y aprenden sin nunca haber ido a la escuela. También tenemos adultos a las que les apasionan sus trabajos y no los viven como una obligación ni como algo tedioso ni transmiten el mensaje a sus hijos de que trabajar es una obligación desagradable, sino que disfrutan con la decisión que han tomado. Incluso hay familias que eligen anteponer las necesidades de los niños y adolescentes durante unos años y son los padres quienes cambian su estilo de vida y su trabajo para poder adaptarse a los verdaderos ritmos y necesidades de sus hijos. Este es nuestro caso y el de muchas otras familias que conocemos. Formas de sentir, ver y vivir la vida hay muchas, y es posible reinventarnos incluso profesionalmente para llegar a vivir la vida que de verdad deseamos con nuestros hijos.

Te invito a atreverte a confiar para poder empezar a cambiar, mejorar, transformar e incluso sanar tu vida y la relación con los tuyos. Nunca, absolutamente nunca, es tarde para empezar a tomar nuevas decisiones que nos llevarán a nuevos destinos. Recuerda que quien se atreve a hacer cosas extraordinarias también obtiene resultados extraordinarios.

La triste verdad es que aún muchos padres, profesores e incluso profesionales de la infancia no vemos ni sentimos a los niños desde sus verdaderas necesidades legítimas, sino que solo nos enfocamos en sus logros y no en su verdadero ser esencial. El mayor problema que tienen la mayoría de los niños y adolescentes hoy en día es que están rodeados de adultos que no les comprenden. Algunos niños y adolescentes muy aplicados pueden sentirse en realidad bastante ansiosos, con una gran necesidad de aprobación, y actúan motivados por la necesidad de sentirse bien consigo mismos y de ser dignos y merecedores de AMOR. Poco tiene que ver esta autodisciplina con:

LA PASIÓN

•

LA CURIOSIDAD

•

LA MOTIVACIÓN INTRÍNSECA

•

LOS INTERESES

•

LOS DESEOS

•

LOS DONES

•

LOS TALENTOS INNATOS

•

EL PROPÓSITO DE VIDA

•

LA VERDADERA VOCACIÓN

Como comenta Alfie Khon: «Los niños con un alto sentido del deber pueden estar sufriendo lo que la psicoanalista Karen Horney llamó "tiranía del deber-ser", hasta tal punto que ya no saben qué es lo que quieren verdaderamente o quiénes son en realidad». Sufren una desconexión brutal de su SER esencial y eso se manifiesta en la vida adulta: no sabemos qué queremos ni quienes somos, no somos capaces de tomar nuestras propias decisiones, nos sentimos inseguros, seguimos dependiendo de la aprobación de los demás... En la sociedad en que nos ha tocado vivir, se fomenta más el triunfo de la mente sobre el cuerpo, la razón sobre el deseo y la voluntad sobre las necesidades, y esta actitud nos puede llevar a ser demasiado perfeccionistas de mayores y a no permitirnos reducir las expectativas o incluso a obsesionarnos con el orden, por ejemplo.

La disciplina abarca mucho más que la escuela y llega hasta los hogares, donde se aplica en forma de orden y limpieza. Como ya sabemos, los niños pequeños aprenden del mundo imitando todo aquello que ven que hacemos y, en función de nuestro grado de exigencia, satisfarán más o menos las necesidades de los adultos. Sin embargo, esto, lejos de ayudarlos a ser constantes y ordenados, lo que provoca es resistencia y rebeldía. Nuestro ejemplo y nuestra actitud, como padres, serán muy importantes a la hora de hacer las tareas domésticas, por ejemplo: si para nosotros ordenar o limpiar es un fastidio y ellos lo perciben con nuestras quejas constantes, no les invitará a querer hacerlo. El propósito del orden es hacernos la vida más cómoda y fácil, ¿verdad? Entonces podemos empezar por ayudarles cuando son pequeños a tener sus cosas bien dispuestas, ordenadas, limpias, a la vista y a su alcance con el fin

> Los niños pequeños aprenden del mundo imitando todo aquello que ven que hacemos.

de que puedan ser conscientes de las ventajas de tenerlo todo a mano y ordenado gracias a un adulto dispuesto a hacerlo primero con gusto por nosotros. Pero, aun así, solemos exigirles orden en la casa o en sus habitaciones cuando somos nosotros los que tenemos la necesidad y ellos aún no.

Hay muchos adultos muy obsesionados con el orden o la limpieza por haber vivido la misma exigencia y obligación por parte de sus madres que no pueden relajarse y dar prioridad al bienestar; necesitan del orden externo para poder mantener un orden interno, y las exigencias de los niños y el caos en la casa les abruman en exceso. Pero esto que nos pasa a los adultos nada tiene que ver con los niños de nuestra vida, sino con los niños que una vez todos fuimos y con nuestras propias vivencias infantiles y juveniles aún no resueltas.

> Exigir obediencia y ejercer el control y el poder sobre los niños, aun pensando que es por su propio bien, tiene efectos secundarios y en ocasiones graves consecuencias.

Exigir obediencia y ejercer el control y el poder sobre los niños, aun pensando que es por su propio bien, tiene efectos secundarios y en ocasiones graves consecuencias. No les dejamos lugar para que puedan elegir en cada situación si merece la pena perseverar o no, pues tenemos la creencia de que los niños no harán «nada» de provecho si no son «obligados». Y precisamente es al contrario.

La verdadera motivación intrínseca no se consigue obligando o pidiendo a los niños que lean, por poner un ejemplo. Cuando alguien lee un libro y el relato le parece interesante o la información valiosa, desea seguir leyendo. Si utilizamos las recompensas y los premios o los castigos para conseguir que hagan algo, nos estaremos engañando y les estaremos desconectando y confundiendo. Cuando uno está interesado de verdad en algo, cuando algo tiene verdadero sentido para nosotros, lo hacemos más y mejor. Si pedimos a los niños desde nuestra necesidad (desde el YO), en vez de exigirles y hablarles desde la crítica o el juicio, y les explicamos el porqué de aquello que les pedimos, es más probable que puedan conectar con nuestras necesidades y empatizar para luego colaborar.

Muchos adolescentes hipotecan sus vidas presentes por un futuro imaginario: se convierten en expertos en superar exámenes de materias que no les interesan lo más mínimo y que a corto plazo olvidan. Y las notas altas no siempre indican lo que realmente les interesa, apasiona o saben en realidad. Algunos solamente se vuelven expertos en aprobar exámenes. Aprender no depende de lo que los estudiantes hacen, sino de cómo ven y construyen lo que hacen y el sentido que «eso» tiene para ellos. Muchos ven y sienten que se les niegan sus preferencias y sus deseos, lo que los lleva a ignorarlos y negarlos por completo casi de por vida.

Un alto grado de autocontrol nos puede llevar a una vida emocionalmente más pobre, y la falta de autodisciplina no siempre es «mala», ya que da lugar a:

ESPONTANEIDAD/ FLEXIBILIDAD/ IMPROVISACIÓN

•

DISPONIBILIDAD/ CREATIVIDAD/ ADAPTABILIDAD

•

CONEXIÓN CON UNO MISMO

•

COMPRENSIÓN HACIA LOS DEMÁS

•

EMPATÍA / MENOS AUTOEXIGENCIA

•

MENOS TRASTORNOS OBSESIVOS COMPULSIVOS

•

TOLERANCIA

¿Qué ocurre con todas esas experiencias negativas vividas en la infancia?

Satisfacer las necesidades de nuestros hijos que nosotros no tuvimos satisfechas nos costará mucho, ya que solemos poder dar en la medida que recibimos, respetar en la medida que fuimos respetados e incluso amar en la medida que fuimos amados. Eso que tuvimos que mandar a la sombra se proyecta contra la persona equivocada a menos que tomemos conciencia de ello y hagamos algo al respecto.

Imponer disciplina para fomentar o corregir comportamientos, cualidades o valores en los niños no es lo que los ayuda a ser ellos mismos ni los conecta con su SER esencial, sino, al contrario, los desconecta de la persona que han venido a ser, de sus verdaderas pasiones, intereses, dones, talentos, deseos o curiosidades, ya que están más pendientes de complacer y obedecer a los adultos para obtener mirada y ser valorados que de escucharse a sí mismos.

Principios y valores versus reglas y normas

Si vivimos bajo nuestros propios principios y valores, priorizando lo que para nosotros es más importante, la necesidad de usar o imponer tantas reglas y normas disminuye. ¿Qué entendemos por principios y valores frente a reglas y normas? ¿Acaso no son lo mismo?

Un principio: por ejemplo, ser amable o ser respetuoso nos inspira, motiva y guía internamente a actuar de manera más amorosa, en especial en momentos de conflicto. Un principio nos guía, nos ayuda a ser mejores personas y nos recuerda cómo hemos elegido actuar.

> ¿Qué entendemos por principios y valores frente a reglas y normas? ¿Acaso no son lo mismo?

Una regla o norma: por ejemplo, «no se pega» o «no se toca» nos dirige externamente a hacer o dejar de hacer lo que otra persona considera adecuado, ejerciendo el control y el poder sobre el otro. Una norma nos controla, nos limita, nos prohíbe o nos obliga. Suele crear resistencia y no nos ayuda a ser mejores personas.

Una buena analogía para entender qué es un principio es el habla. Hablar es la herramienta que usamos para comunicarnos: hablamos a los niños y ellos lo aprenden como consecuencia de estar en un ambiente en donde se usa la palabra. Los principios también nos sirven como herramientas: si actuamos basándonos en ellos, nos ayudarán a tomar mejores decisiones y a satisfacer necesidades. Por todo lo dicho, es necesario vivir en coherencia con ellos. Veamos esto con más detalle.

> Una norma nos controla, nos limita, nos prohíbe o nos obliga.

Lo más importante es decidir cuáles queremos que sean nuestros principios para poder gestionar mejor los conflictos y satisfacer necesidades desde allí. Si para nosotros es importante la amabilidad, el amor, el respeto, la libertad, escuchar, compartir, colaborar y ayudar, entonces decidiremos conscientemente ser amables, amorosos y generosos con los demás. Si priorizamos el respeto y la libertad, no gritaremos, ni pegaremos, ni castigaremos, ni amenazaremos, ni controlaremos a los demás, sean niños o adultos, ya que esa actitud no estaría en coherencia con nuestros principios o valores.

Con reglas impuestas, no pensamos ni tomamos decisiones conscientemente eligiendo qué sería mejor en cada momento, tan solo obedecemos a ciegas, sin criterio. Si una regla es, por ejemplo, «no se pega», el niño puede que deje de pegar, pero podría insultar, pellizcar o burlarse. Muchos niños aprenden a desobedecer las reglas haciendo algo que no se ha limitado o prohibido, pero si vivimos bajo principios no será necesario limitar tanto. Y nuestros hijos aprenderán de nuestro ejemplo. Podemos decir, por ejemplo: «En casa nos tratamos con respeto y nos escuchamos», en vez de simplemente: «No se pega», o :«No se grita». Sería de esperar que un adulto que impone tal regla tampoco grite o pegue a sus hijos; de lo contrario, su discurso sería incoherente. Así, será mejor decir: «En casa nos decimos lo que nos molesta amablemente y buscamos ayuda si algo o alguien nos molesta», «cuando necesitamos algo, lo podemos pedir», «si alguien nos hace daño, se lo decimos y nos separamos», «a los animales y a las plantas los tratamos con cariño, al igual que a las personas», «tratamos los juguetes y los objetos con cuidado»; en vez de: «No se tira», o: «No se toca». Un ejemplo más: si a un niño no le permitimos tocar algo delicado (con nuestra ayuda), tampoco podrá aprender a manejarlo con delicadeza. Limitando evitamos la experimentación, la manipulación y la posibilidad de usar los sentidos. Muchas normas y reglas se podrían resumir en: «Seamos amables y respetuosos».

Vivir bajo principios ayuda a los niños a poder tomar más y mejores decisiones por su cuenta. Muchas reglas se imponen a la fuerza, por miedo o por falta de nuestra presencia. El siguiente ejemplo nos permite ver cómo un niño puede llegar a tomar una decisión consciente y meditada basada en principios o valores, en vez de simplemente imponer un límite por miedo del adulto. Imaginemos que la norma es: «No se juega a la pelota en casa», y que la ha impuesto un adulto por miedo a que algo se rompa. No obstante, también podemos romper algo sin estar jugando a la pelota, por lo que esa norma no nos motiva a ser cuidadosos con las cosas y los objetos, sino que simplemente nos impone una prohibición: no podemos jugar a la pelota.

> Muchas reglas se imponen a la fuerza, por miedo o por falta de nuestra presencia.

Veamos esta misma situación en un hogar donde no se vive bajo el miedo, sino desde los principios: «Tratamos las cosas con delicadeza y tenemos cuidado, y confiamos los unos en los otros». El hijo de esta familia, tenga tres o diez años, podría jugar con una pelota rodándola por el suelo cuidadosamente en vez de tirarla por los aires, podría pasarla por debajo de una cama y su hermana recogerla al otro extremo, e incluso sus padres podrían ofrecerle pelotas de goma blandas y ligeras para poder permitir el juego con pelotas en casa.

En este ejemplo, los padres dan confianza a los niños para poder tomar sus propias decisiones, basándose en unos principios ya instaurados en la casa. No viven bajo normas arbitrarias, ni bajo reglas, ni limitando sus actividades por miedo, por comodidad o por falta de presencia de un adulto. Estos niños no tienen que obedecer ciegamente a sus padres (reprimiendo en ocasiones su impotencia, frustración o rabia), sino que se les permite y se les ayuda a ser responsables de sus actos, dándoles confianza para poder tomar sus propias decisiones conscientes basadas en unos principios y valores.

> ¿Cómo pretendemos que puedan tomar más y mejores decisiones si sienten que no confiamos en ellos?

Imponer muchas reglas a los niños y adolescentes les puede dar el siguiente mensaje: «No confío en tu capacidad para tomar las decisiones más adecuadas, no confío en ti, no vales, no mereces, dudo de tu capacidad, mejor decido yo por ti». ¿Cómo pretendemos que puedan tomar más y mejores decisiones si sienten que no confiamos en ellos?

Pero en la sociedad hay normas y reglas: ¿cómo aprenderán a respetarlas y obedecerlas?

Si vivimos por principios en casa y damos ejemplo de ello a los niños, contrariamente a lo que muchos podrán pensar, les será más fácil entender y respetar las reglas o normas que haya en otros lugares. Quienes vivimos bajo principios sabemos esto por experiencia propia, pues nuestros hijos y los de muchas familias que conozco saben que hay normas sociales y las respetan, y no sienten ninguna necesidad de rebelarse contra ellas.

Lamentablemente, los adultos que pensamos que los niños necesitan de normas o de límites arbitrarios no solemos ser adultos que vivimos bajo nuestros propios principios o valores.

En esta ocasión especialmente, al igual que en todas las anteriores, no te pido que creas ciegamente en las reflexiones y argumentos expuestos aquí, sino que, una vez hayas reflexionado con calma sobre cada una de estas ideas, pases cada duda y cada creencia limitante que tengas por tu registro interno y te las dejes sentir.

Te invito a empezar a tomar más y mejores decisiones conscientes y a empezar a ser el cambio que todos los niños necesitan y están esperando. Solo podremos opinar, juzgar, negar o criticar y poner en duda eso que ya hayamos experimentado y practicado.

Cuando estemos preparados, podremos cambiar nuestra forma de pensar o de actuar, incluso más de una vez en la vida. Solo necesitamos hacernos preguntas, cuestionarnos las cosas que no están funcionando en casa o en nuestro interior y buscar respuestas, alternativas e inspiración en personas que ya viven la vida como nos gustaría vivirla nosotros. Abramos nuestra mente y nuestro corazón para poder sentir más y mejor a todos los niños de nuestra vida.

> Abramos nuestra mente y nuestro corazón para poder sentir más y mejor a todos los niños de nuestra vida.

Muchos adultos, aún hoy, en vez de guiarnos por nuestro instinto, nuestra voz interna, nuestros valores y principios, necesitamos que alguien desde afuera nos diga lo que tenemos que hacer o qué es lo correcto. Necesitamos reglas, pautas y que nos dirijan, porque eso es lo que aprendimos siendo niños: a obedecer y a ser como se esperaba que fuésemos. A muy pocos adultos se nos ha permitido ser quienes realmente hemos venido a ser. No obstante, lo que verdaderamente nos ayudará más a cambiar creencias y posteriormente a poder cambiar algunas actitudes será conectar con nuestro ser esencial, escuchar nuestra voz interior. Todos la tenemos, pero muy pocos estamos dispuestos y abiertos a escucharla y seguirla. Podemos preguntarnos: «¿Tiene sentido esto que acabo de ver, leer o escuchar? ¿Me inspira, me mueve, resueno con ello, me da sentido, me puede ayudar?...».

No pensemos tanto en qué debemos hacer o dejar de hacer y miremos más cómo está el ambiente en casa y cómo son las relaciones entre los miembros, y desde allí empecemos a tomar conciencia de qué está pasando de verdad. Cómo nos estamos sintiendo y vinculando nos confirmará si las cosas van bien o necesitan mejorar. Si no hay suficiente paz y armonía en casa es momento de revisar y tomar nuevas decisiones y diferentes acciones. Si tenemos dudas y miedos, busquemos ayuda e inspiración, pero esa ayuda debe venir de alguien que sea ejemplo y modelo de aquello que deseamos vivir o llegar a ser y que nos inspire y ayude a decidir qué es lo mejor para nuestra familia y nuestras circunstancias personales. Muchas de las madres, muchos de los padres, docentes, psicólogos y profesionales que formo profesionalmente y acompaño desde mis formaciones, cursos y el máster han confesado haber podido hacer muchos cambios importantes en su vida, en su forma de relacionarse con sus hijos y demás niños y también mejorar sus relaciones personales después de cuestionar y revisar sus vivencias pasadas, sus creencias actuales, sus hábitos, sus actitudes y su forma de tratar y ver a los niños. Conectar y sentir a los niños de nuestra vida y al que fuimos nos permitirá poder criarlos y educarlos más conscientemente. Criar y educar a mis tres hijos bajo las cuatro raíces de la crianza consciente que comparto en este libro me ha ayudado a ser mejor persona, mejor madre, mejor pareja y mejor profesional.

Personalmente, yo misma, hace años, pensaba que una regla o norma era lo mismo que un principio. Cuál fue mi sorpresa cuando un día leí en un foro, de habla inglesa, la reflexión de una madre que decía: «Los principios vienen de dentro y las normas de fuera». Esa simple frase de diez palabras me inspiró para el resto de mi vida y gracias a ella he podido desarrollar esta misma idea en profundidad y escribir esta reflexión personal sobre vivir bajo principios. Simplemente comparto aquello que necesito y elijo seguir practicando, viviendo y siendo. Mi mayor deseo es que tú también encuentres frases inspiradoras en este libro que ahora tienes en tus manos. Te invito a releer partes de él a medida que tus hijos vayan creciendo y no olvides subrayar todo lo que consideres necesario, importante o inspirador y revelador. Toma notas y pega *post-its*.

En muchas ocasiones pensaremos que una norma es necesaria, por ejemplo, con temas sobre las duchas, lavarse los dientes, la comida, la televisión, los deberes, el recoger... Recuerda que una norma solo tiene como consecuencia obediencia y complacencia ciega en el aquí y el ahora, como ya hemos visto en el capítulo sobre los castigos y los premios. Es importante tomar conciencia de este hecho y ser honestos con nosotros mismos cada vez que necesitemos «esa» obediencia y no pensar que es por el bien de los niños.

Revisemos nuestra relación con los niños de nuestra vida cada vez que tengamos la sensación de que nos ponen a prueba o se rebelan. Concentrarnos en nuestros principios nos ayudará a tener mejores relaciones y a comportarnos más pacífica y respetuosamente en cada situación tensa o conflictiva.

Si en casa nuestros principios son, por ejemplo, «nos hablamos con amabilidad, nos respetamos y nos ayudamos», cuando alguno de nuestros hijos se comporte de un modo que nos moleste o nos inquiete, nuestra respuesta y nuestra reacción, muy probablemente, será muy distinta a si la norma simplemente fuese la de «no se grita», «no se pega» o «no se tira». El incumplimiento de una norma provoca enfado y nos desconecta emocionalmente. Si vivimos bajo esas normas, nuestra reacción muy probablemente será de enfado y descontrol. Si vivimos bajo los principios de ser amables y respetuosos, entonces nuestra reacción, muy probablemente, será menos controladora, menos violenta y más amable.

Quizá al inicio nuestros automáticos salten de igual modo, pero ya sabemos que todo empieza con la toma de conciencia, y sigue con la toma de decisiones conscientes diferentes, y poco a poco, comprometiéndonos y eligiendo actuar de modo diferente, podremos llegar, algún día, a ser el padre o la madre que nuestros hijos necesitan.

Podemos ahorrarnos una generación tomando nosotros conciencia hoy, ahora mismo. Repito, vivir bajo principios hace que no necesitemos tantas reglas ni tantas normas. Es muy simple, solo invito a probarlo y a experimentarlo. Quiero compartir este ejemplo que me parece extraordinario. En 2014 estuvimos viviendo año y medio en Escocia y allí me di cuenta de que, en las zonas azules de aparcamiento de pago en la ciudad de Ayr, nunca veía a ningún guardia o policía vigilar si los coches tenían el *ticket* de pago. Me pareció curioso. Un día se lo pregunté a una bibliotecaria y su respuesta fue esta: «¿Por qué habría que poner a un policía si todo el mundo sabe que en la zona azul hay que pagar para aparcar?». Estaba con mis hijos, me quedé muda, ya que en España sí hay guardias que pasan a cada rato para verificar que la gente paga y deja el correspondiente *ticket* visible, y si alguien no paga se le pone una multa. Aun así, en nuestro país sigue habiendo personas que no pagan y se les multa. Cuál fue nuestra segunda sorpresa cuando un día, por curiosidad, mis hijos nos dijeron: «¿Vamos a mirar si aquí la gente paga de verdad?». Y, sí, todos los coches, sin excepción, tenían el *ticket*. Una actitud así solo podía estar motivada por el principio de «ser honesto».

Una gran lección para nuestros hijos: las normas y las reglas no nos hacen ser mejores personas ni más honestas.

Un día, reflexionando sobre este tema de los principios, antes de escribir este capítulo (suelo inspirarme mucho en nuestro día a día para escribir y en lo que observo e investigo de otras familias y sus hijos), le pregunté a nuestra hija mayor, Ainara, si sentía que en casa había muchas normas o reglas, y cuál fue mi sorpresa cuando me dijo: «Mamá, en casa no nos prohibimos ni nos obligamos». Entonces yo le pregunté qué entendía ella por norma o regla y dijo: «Pues eso, mamá, algo que otra persona te obliga a hacer o te prohíbe hacer, como lo de llevar el cinturón en el coche o no poder jugar a la pelota en la piscina del barrio. Mamá, en casa hablamos, nos respetamos y llegamos a acuerdos, ¿no? Bueno, no siempre..., pero tú o papá nos ayudáis cuando gritamos o nos peleamos». Después de un rato vino y añadió: «Mamá, mamá, sí tenemos una norma en casa, la de no comer fuera de la cocina. Pero a veces sí lo hacemos con un plato o un trapo, aunque tú no lo notas».

Con esta respuesta de mi hija quiero hacer otra reflexión. Sí hay alguna norma en nuestra casa: prefiero que no se coma fuera de la cocina. Sin embargo, por su respuesta me doy cuenta de que detrás de la «norma» (mi preferencia), también les ha llegado el principio de «intentamos mantener los lugares limpios», ya que, cuando se «saltan» la norma (comen fuera de la cocina), lo hacen usando un trapo o un plato (sienten cierta libertad de acción, deciden conscientemente comer fuera de la cocina, pero evitando manchar). Y ella no lo vive como infringir la norma (ya que le costó incluso recordarla), sino que lo que le llega es el principio de «evitar ensuciar», ya que ve y siente mi intención. Y, por último, me emociona ver que se sintió con la seguridad y libertad suficiente como para ser honesta conmigo y decirme con toda tranquilidad que hay veces que comen fuera de la cocina con un trapo o plato. Ella sabía que no habría problema alguno en contarme esto.

> Esta simple y sincera respuesta de mi hija adolescente me hizo ver que algo importante está pasando en nuestra relación.

Esta simple y sincera respuesta de mi hija adolescente me hizo ver que algo importante está pasando en nuestra relación. Me confirma una vez más que anteponer la relación con nuestros hijos a todo lo demás da sus frutos.

Una anécdota más que deseo compartir es esta que tuvo lugar entre dos niños cuyas familias viven bajo los principios de la crianza consciente que yo divulgo. Justamente yo estaba conversando con unos padres sobre este tema de los principios y las reglas, y uno de los niños allí presentes, al oírnos, dijo espontáneamente a otro niño: «Puede que "digan" que soy un malcriado, pero en casa, si no estoy de acuerdo con algo que mamá o papá dicen, se lo digo y lo hablamos». A lo que otro niño respondió: «Eso no es ser malcriado, eso es que te respetan». Otra confirmación más de que dar voz a los niños mejora las relaciones entre padres e hijos. Este es el ejemplo de un niño seguro de sí mismo por el trato que recibe en casa.

Por último, me gustaría comentar algo sobre las reglas y normas de algunos juegos de mesa. Estas reglas son un caso aparte, no tienen nada que ver con la relación que tenemos con nuestros hijos ni con ejercer el poder o el control sobre el otro. Las reglas de un juego de mesa se han pensado como estrategia para un fin: llegar a algún lugar, conseguir más puntos... Hay niños pequeños a los que no les gustan los juegos con muchas normas y reglas; en estos casos, siempre podemos cambiarlas y hacer que el juego sea menos competitivo y más cooperativo.

Cuando nuestros hijos eran pequeños preferíamos los juegos de mesa más cooperativos e incluso convertíamos juegos tradicionales, como el Memory o el parchís, en este tipo de juegos cambiando totalmente la forma de jugar. En el Memory (hacer parejas), por ejemplo, poníamos todas las «fichas parejas» en el centro sin saber (es decir, sin dar importancia) quién había acertado más. Lo importante y más divertido era pasar un rato juntos en familia. A veces nos cronometrábamos para ver si lo podíamos conseguir con menos tiempo, pero todos juntos sin separar los montones de parejas que cada miembro encontraba.

No era necesario para nosotros acabar cada partida con la típica pregunta: «¿Quién ha ganado?». Lo más importante de un juego no debería ser ganar, pero muchos adultos le damos demasiada importancia solamente al resultado final sin darnos cuenta. Un ejemplo de esto es que cuando los niños o adolescentes juegan algún partido en equipo, ya sea amistoso o de liga, lo primero que solemos preguntarles si no hemos estado en es: ¿quién ha ganado o a cuanto habéis quedado? También podríamos preguntar si el partido ha sido divertido, si se lo han pasado bien, si les ha gustado el árbitro, si han jugado media parte o todo el tiempo, si ha pasado algo que les gustaría explicarnos... En fin, se podría hablar de muchas otras cosas, pero parece ser que solamente nos «interesa» y nos importa el resultado final. ¿Qué mensaje les estamos dando a nuestros hijos o alumnos?

En el caso del parchís u otros juegos de «ganar o perder» en casa hacíamos equipos para hacer el juego más cooperativo y menos competitivo: el que iba por delante podía traerse a un jugador con él un rato y luego a otro hasta tener todas las fichas en casa, nadie se quedaba fuera...

Con creatividad podemos incluso flexibilizar muchas reglas y normas de los juegos hasta que nuestros hijos sean mayores y capaces de aceptarlas y seguirlas sin frustrarse tanto. Forzar a un niño pequeño a seguir ciertas reglas del juego puede molestarle mucho y convertir un rato agradable de juego en familia en un rato de malestar o desconexión emocional entre padres e hijos, pues insistir en seguir las normas del juego y estar leyendo las reglas para no saltarnos ninguna puede crear mucha tensión innecesaria. Os invito a ser creativos y buscar formas de jugar más respetuosas con los ritmos de vuestros hijos más pequeños. En casa, cuando nuestra hija menor quería jugar con sus hermanos a juegos para edades más avanzadas, adaptábamos el juego para que ella no se sintiera incómoda. Hoy lo hace con los hermanos pequeños de sus amigas.

Confieso que vivir mi vida bajo principios y valores y deshacerme de muchas normas innecesarias me ha ayudado a tener mejores relaciones en casa y fuera de ella. Te invito a hacer tu propia lista de principios y valores más importantes para ti y luego otra con las normas o reglas que creas necesarias para luego poder cambiar, sustituir o eliminar algunas por tus valores y principios. Hazlo poco a poco y a tu ritmo, y verás lo maravilloso y liberador que es no tener que estar imponiendo tantos límites. Antes de empezar te invito a hablar con los demás miembros de tu familia o compañeros de trabajo si eres docente, por ejemplo, para informarles de la decisión que vas a tomar y pedirles que te ayuden cada vez que lo olvides.

Lo más importante es decidir cuáles queremos que sean nuestros principios, valores y prioridades para poder gestionar mejor los conflictos y satisfacer necesidades desde allí. Si para nosotros es importante la amabilidad, el amor, el respeto, la libertad y ayudar, entonces decidiremos conscientemente ser amables, amorosos y generosos con los demás. Si priorizamos el respeto y la libertad, no gritaremos, ni pegaremos, ni castigaremos, ni amenazaremos, ni controlaremos a los demás, sean niños o adultos, ya que eso no sería ser amable, respetuoso ni generoso. Todo problema se puede gestionar con amabilidad y respeto si así lo decidimos.

EJERCICIO

EJERCICIO PARA CAMBIAR, MEJORAR Y TRANSFORMAR CONDUCTAS

Te propongo hacer una lista de todas esas actitudes que tanto deseas cambiar, mejorar y dejar de tener. Por ejemplo: deseo dejar de gritar, quiero evitar controlar tanto a mis hijos, quiero pasar más y mejor tiempo con ellos.

Una vez tengas tu lista, te invito a hacer otra, justo al lado de esta, con las actitudes que necesitas fomentar para dejar de hacer o evitar las anteriores. Un ejemplo sería:

Necesito dejar de gritar tanto a mis hijos = Necesito ser más amable y respetuosa

Solemos enfocarnos más en todo lo negativo y en todo lo que no nos gusta de nosotros mismos, y nos decimos una y otra vez: «Voy a dejar de..., ya no haré..., nunca más». Personalmente, lo que más me ha ayudado a hacer los cambios que necesitaba y sobre todo a poder mantenerlos en el tiempo ha sido enfocarme y poner toda mi energía en las cualidades y hábitos que deseo tener, mantener o fomentar a largo plazo.

Si nos proponemos ser más amables, más respetuosas, escuchar más y estar más presentes en el aquí y el ahora y no escuchar y obedecer tanto a nuestra mente, veremos como muchas de las actitudes y comportamientos que deseamos cambiar desaparecen o disminuyen casi por sí solos, ya que no estaremos enfocadas en ellas, sino que nuestra atención plena se centrará en fomentar y mantener lo que verdaderamente es importante para nosotros.

Nota: escucha, respeta, complace y ama más y mejor a tus hijos, y verás cómo cada día te será más fácil dar todo aquello que probablemente a ti te faltó. Dar a los demás, especialmente a los niños de nuestra vida, nos ayudará a sanar nuestras propias heridas pasadas y nos convertirá en seres más amorosos y humanos. Seamos los adultos que nos hubiese gustado tener de niños.

Últimas reflexiones

Sé a ciencia cierta, porque me lo dicta el corazón, que estamos cada vez más cerca de poder criar y acompañar a nuestros hijos y demás niños de nuestra vida según el verdadero diseño original humano si somos capaces de sentirlos más y mejor, ponernos de su lado, defenderlos, protegerlos y darles más voz a la vez que revisamos nuestras propias experiencias de infancia y ponemos nuestro foco en mejorar y sanar nuestras relaciones afectivas. Cada día conozco a más personas, especialmente mis seguidoras y alumnas del Instituto Yvonne Laborda, que yo dirijo, que practican, defienden y promueven la crianza consciente que comparto en este libro desde las cuatro raíces.

Necesito inspirar y llevar luz a todas aquellas personas que de un modo u otro sienten en su interior, desde lo más profundo, que sí hay otra forma de relacionarnos con los niños: una relación basada en el amor y el respeto.

Amar incondicionalmente significa amar sin condiciones, sin expectativas.

Amar incondicionalmente significa amar sin condiciones, sin expectativas. Aceptar a un niño incondicionalmente es permitir que sea quien es hoy para luego poder convertirse en quien ha venido a ser y poder ofrecer al mundo aquello que solamente él tiene. No obstante, si ponemos nuestra mirada solamente en sus logros y en su comportamiento, en lugar de en su sentir y en su verdadero SER, no podremos darles voz ni amarlos o acompañarlos como se merecen y legítimamente necesitan.

Te invito a escuchar emocionalmente a los niños de tu vida preguntándote:

- ¿Qué tipo de relación realmente deseo con mis hijos?
- ¿Qué me gustaría que mis hijos recordaran de su infancia?
- ¿Qué deseo que recuerden de su relación conmigo?
- ¿Cómo me gustaría que tratasen a los demás?
- ¿Qué tipo de padres me gustaría que tuvieran mis nietos?

Puedes simplemente darte cuenta y aceptar que no te gusta cómo te estás «sintiendo» ahora mismo, estos últimos días; por tanto, sabes que algo puede «hacerse» mejor desde otro lugar más amable, más respetuoso y más amoroso.

En lugar de simplemente preguntarte:

- ¿Qué debería hacer ahora?
- ¿Cómo debería actuar?
- ¿Qué debería decir?

Déjate sentir:

- ¿Cómo me siento?
- ¿Cómo me gustaría sentirme?
- ¿Cómo se siente mi hijo?
- ¿Qué podría hacer para cambiar y mejorar nuestro sentir?

En ocasiones, solo vemos lo que «no» podemos hacer o lo que «no» podemos darles y nos creemos nuestros propios discursos engañados. Podemos preguntarnos:

- ¿Qué me impide dar más presencia de verdad?
- ¿Qué me impide ver lo que SÍ puedo dar?
- ¿Por qué mi discurso es sobre lo que NO puedo hacer y no me pregunto por el cómo hacerlo posible?
- ¿Qué es lo que podría hacer para que fuera posible?
- ¿Por qué me refugio en los inconvenientes y en lo negativo?
- ¿Quizá no acepto mis limitaciones ni puedo responsabilizarme de ellas?
- ¿Por qué me justifico y defiendo todo el tiempo?
- ¿Por qué no busco formas de poder lograr lo que verdaderamente deseo?
- ¿Por qué no busco ayuda y me inspiro en alguien que ya lo haya logrado y esté ayudando a otras personas?

Retomando la metáfora de que un niño es como un árbol, imaginemos que, si tiene unas raíces sanas y fuertes, además de luz solar y agua, podrá desarrollarse y crecer en armonía con su verdadero ser esencial para poder llegar a convertirse en quien ha venido a ser. Estas raíces necesitan agua, tierra y nutrientes suficientes para ayudar al árbol a ser robusto, sano y fuerte, y con un potente tronco del cual saldrán sus ramas, que darán el fruto deseado. Un manzano, por ejemplo, para poder dar manzanas, necesita absorber todos los nutrientes de las raíces y del sol. Si le falta agua, tierra fértil, nutrientes o luz solar (las 4 raíces que propongo en este libro), no podrá crecer en armonía ni llegar a ofrecernos sus mejores frutos, sino que deberá adaptarse a las condiciones adversas y sufrirá las consecuencias. Si no recibe lo que necesita, quizá se vea obligado a torcer su

> **Quizá te has dado cuenta de que tú eres ese niño o niña indefenso y con poca seguridad que ahora, convertido en papá o mamá, es incapaz de conectar genuinamente con sus hijos.**

tronco en busca de luz solar, ofrecerá menos frutos y de menor tamaño, estos no podrán madurar a tiempo y tendrán menos nutrientes. Será un árbol débil al no poder obtener lo que legítimamente necesita y sufrirá para poder adaptarse a la adversidad.

Con un niño pasa exactamente lo mismo: si sus necesidades más primarias, básicas y legítimas no son suficientemente satisfechas ni validadas, no nombramos la verdad ni creamos un ambiente seguro con intimidad emocional, tendrá que mandar parte de su ser esencial a la sombra al ser juzgado, negado, ignorado y reprimido. Se anestesiará emocionalmente para dejar de sentir su malestar, vacío emocional y dolor. Se convertirá en un ser inseguro por no poder escuchar ni ser fiel a su verdadera voz interior. A diferencia del manzano, que sabemos ha venido a dar manzanas, cada niño ha venido al mundo con un propósito, misión, vocación, dones, talentos, necesidades diferentes. Este hecho es el más complicado de ver, sentir y aceptar, ya que requiere de nuestra confianza plena en el verdadero diseño del ser humano que ya es y confiar en que si va recibiendo a lo largo de su vida todo lo que vaya necesitando podrá desplegar su ser y convertirse es esa maravillosa persona que aún no sabemos que será. Invito a dejar a un lado nuestras expectativas y simplemente amar más y mejor para poder acompañar también más y mejor.

Con toda la información con la que cuentas ahora, quizá te has dado cuenta de que tú eres ese niño o niña indefenso y con poca seguridad que, ahora convertido en papá o mamá, es incapaz de conectar genuinamente con sus propios hijos. Por ti y por ellos es el momento de reconocer, validar, aceptar y nombrar la verdad acerca de nuestras propias vivencias infantiles. Habrá que cruzar ese bosque oscuro y espeso que fue nuestra infancia, adolescencia y juventud para luego poder disfrutar del maravilloso prado verde que habrá esperándonos al otro lado.

DIEZ PASOS PARA EMPEZAR A SANAR A NUESTRO/A NIÑO/A INTERIOR HERIDO/A

Estos diez pasos que comparto a continuación son para todas aquellas personas que necesiten profundizar un poco más en su propia historia para empezar a dar voz y sanar a ese niño o niña herido interior que aún habita en ti para luego poder ofrecer lo mejor de nosotros mismos tanto a los niños como a los adultos. Ese niño interior aún está dominando nuestra vida desde su inseguridad, miedos y vacío emocional.

Estos diez pasos te ayudarán a poder abrazar y maternar a ese niño o niña que fuiste para poder ver y trabajar en qué te impide llegar a ser la persona que verdaderamente viniste a ser, para luego poder convertirte en el padre o madre (adulto) que tus hijos (demás niños de tu vida) necesitan y merecen.

1. La toma de conciencia: saber que lo que nos pasó y nos faltó siendo niños nos seguirá afectando de adultos. Para poder comprender qué nos pasa y cómo nos sentimos hoy, necesitaremos saber qué nos pasó y que nos faltó en el pasado. Qué necesitábamos tan desesperadamente y no pudimos obtener de mamá, papá y demás adultos. Las necesidades y emociones que tuvimos que reprimir, negar, ignorar y anestesiar siendo niños no desaparecen, se nos actualizarán y saldrán (explotamos) siendo adultos en forma de reacciones emocionales automáticas, en ocasiones muy descontroladas y desproporcionadas.

2. Nombrar la verdad de los hechos y emociones: nuestra identidad se construye a partir de lo que ha sido nombrado. Dar voz a la vivencia real infantil del niño o la niña que fuimos es urgente y vital. Con ayuda externa o sin ella es esencial nombrar la verdad desde el punto de vista del niño que fuimos para poder liberarnos y sanarnos. Nuestro niño interior herido puede llegar a dominar toda nuestra vida a través de nuestra necesidad de controlar, gritar y abusar emocionalmente.

3. Aceptar y no negar ni minimizar: aceptar que nuestras necesidades no pudieron ser satisfechas ni acompañadas ni validadas como legítimamente esperábamos, necesitábamos y merecíamos, y que el no haber sido amados como verdadera e incondicionalmente necesitábamos duele. Aceptar esta verdad puede hacer tanto daño que muchas personas no podrán empezar un proceso de indagación personal. La verdad no es buena ni mala, la verdad es la que es. Aceptar nuestra verdad, por dolorosa que parezca, es lo único que nos sanará y nos liberará para poder luego tomar las decisiones y acciones que nosotras realmente deseamos, libres de las consecuencias de nuestras heridas pasadas.

4. Validar emociones y necesidades: legitimar las necesidades no satisfechas y las emociones reprimidas del niño o la niña que fuimos es vital para que nuestro niño interior pueda confiar en nosotras ahora que somos adultas. Precisa de un aliado que le dé apoyo para superar su abandono emocional, un testigo que le dé voz. La confianza es esencial para poder sanar el dolor original, nuestra herida primaria. Nuestra niña interior solo nos tiene a nosotras hoy, ahora. No la abandones tú también.

5. Revisar el grado de soledad: ver el grado de soledad que tuvimos en nuestra infancia. Lo más traumático para el niño o adolescente no son los hechos en sí, los gritos, golpes, palizas, criticas, peleas, castigos, abusos..., sino la soledad con la que tuvimos que vivirlos. La falta de intimidad emocional con mamá, la falta de confianza y complicidad, la inseguridad. Lo solos que nos sentíamos y estábamos. No teníamos a nadie a quien acudir ni en quien confiar. Los sentimientos más profundos de dolor son la soledad y la vergüenza. Estábamos avergonzadas por el abandono emocional de nuestros padres, como si no mereciéramos su amor, o su mirada, o su presencia. Esa vergüenza conduce a la soledad. Si hubiésemos tenido la certeza de que le importábamos a alguien lo suficiente, no hubiésemos estado tan solas, tendríamos a quien acudir y en quien confiar: mamá no nos protegía lo suficiente. John Bradshaw nos habla de la soledad y la vergüenza maravillosamente en su libro *Sanar la vergüenza que nos domina: cómo superar el miedo a exteriorizar tu verdadero yo.*

6. Nuestro sentimiento de culpa o remordimiento: ayudar a nuestro niño interior a ver y sentir que no había nada que él o ella pudiera haber hecho diferente, que NADA fue su responsabilidad ni su culpa, que su dolor proviene de lo que le pasó y de lo que le hicieron y de todo eso que le faltó. El niño SIEMPRE ES VÍCTIMA, nunca culpable ni responsable de lo que un adulto le hace o le dice. Un adulto SIEMPRE ES RESPONSABLE de sus actos. Su dolor le fue infringido, ese dolor no es de él.

7. Permitirnos sentir enfado, odio o ira: es normal, necesario y totalmente natural y legítimo sentir y expresar rabia, odio, frustración o estar enfadadas cuando se siente el maltrato en nuestras entrañas, cuando sentimos el control, el abuso, la soledad, la pena o la falta de mirada. Tenemos derecho a sentirnos heridas cuando nos han herido. Tenemos derecho a sentirnos abandonados y desamparados cuando nos han dejado solos y no han estado presentes con nosotros. Lo antinatural fue tener que negarlo, silenciarlo, reprimirlo, ignorarlo, hacer ver que no pasó, mirar para otro lado y anestesiarnos emocionalmente para dejar de sentir ese dolor. Muchos incluso hemos llegado a olvidar muchas de nuestras experiencias infantiles más hostiles o borrado momentos de nuestra vida. Como nos dice Alice Miller: EL CUERPO NUNCA MIENTE. Y yo añado: PORQUE NUNCA OLVIDA. La psique infantil olvida para ayudar al niño a sobrevivir. No obstante, el cuerpo nunca olvida; por tanto, lo veremos reflejado en él en forma de miedo, inseguridad, obsesiones, represión, enfermedad...

8. Permitirnos sentir tristeza y pena: después de la ira suele venir una profunda tristeza o una gran pena por todo lo que ahora sabemos y sentimos. Nos habría gustado que todo fuera de otra manera. La toma de conciencia nos duele en el alma y en el corazón del niño que fuimos. Sentir su dolor, su desespero y sobre todo su soledad nos ayudará a sanarlo, maternarlo y liberarlo de nuestro pasado, y así dejará de necesitar manifestarse en forma de gritos, enfado, depresión, tristeza, control, miedo e inseguridades y dudas.

9. Transformación y responsabilidad: cuando nos responsabilicemos de nuestra niña interior y nos hacemos cargo de todo lo que sabemos y sentimos sobre ella ahora, entonces, podremos empezar el proceso de transformación, sanación y cambio real a largo plazo. Sanar la herida primaria de nuestra niña interior es transformar y cambiar lo que hasta ahora hemos hecho con todo eso que nos pasó: solemos huir, estar en el hacer, no podemos estar presentes, gritamos, pegamos, castigamos, ordenamos, limitamos, controlamos, exigimos... ¿Quieres seguir allí? No, ¿verdad? La toma de conciencia inicial pasa a ser parte activa en el proceso ahora. Necesitamos tomar decisiones conscientes diferentes aquí y ahora y responsabilizarnos de ellas hoy. Ya comprendemos y sabemos el porqué de muchas de nuestras actitudes, ahora debemos hacer algo al respecto. Sin acción no hay transformación. Ahora toca hacer las cosas de forma diferente con los niños de nuestra vida.

10. Comprender la realidad de nuestros padres: el último paso será comprender la realidad emocional de nuestros padres. ¿Por qué pongo este paso el último?, pues para no poner el foco en justificarlos y defenderlos a ellos antes de DAR VOZ a la niña que una fuimos. Lo verdaderamente importante hoy es darte voz a ti misma, maternarte, sanarte y transformarte tú. Se trata simplemente de comprender y no tanto de justificar o perdonar. Cuando empezamos a comprender todo encaja y nuestro cuerpo se empieza a aflojar, a liberar, y comienza un proceso de sanación espontánea real. Esto no significa explícitamente tener que perdonar, justificar o defender a nuestros padres a toda costa para no sentirnos nosotros mal. Hay hechos, experiencias o palabras que no podemos ni necesitamos perdonar para poder llegar a sanar y eso es totalmente legítimo. Lo vital es comprender que, si no nos pudieron dar ni satisfacer ni amar como legítimamente necesitábamos es porque no PUDIERON, no sabían. No eligieron no darnos: una madre no suele decidir no dar, simplemente no puede o no tiene suficiente para dar. Y no es porque no lo meciéramos. Quizá nos lo dieron todo, quizá nos dieron todo lo que tenían para dar, pero ese «todo» no era lo que legítimamente merecíamos, ni mucho menos lo que verdaderamente necesitábamos.

Quizá hubo mucha violencia pasiva o abuso emocional por parte de mamá y papá. Esa furia que descargaban sobre nosotras tampoco era por nuestra culpa, sino por la rabia y el odio que ellos llevaban dentro y que finalmente pudo salir contra alguien más vulnerable: nosotras, sus hijas. La cadena se repitió. Lo que negamos, silenciamos y no sanamos se perpetúa una generación más. Cuando una madre empieza a sanar, toda la siguiente generación queda libre. La herida primaria de nuestro niño interior es todo aquello que tanto nos faltó y todo lo hostil que nos pasó. Nada fue nuestra responsabilidad. Repito, como hijas nada fue nuestra responsabilidad, como madres todo es nuestra responsabilidad. Hay quienes hemos sufrido mucho y quienes menos. No haber vivido experiencias hostiles no significa no haber vivido abandono emocional, falta de presencia, violencia pasiva o invisible y quizá mucha soledad. Sentir compasión y poder perdonar es posible, pero no esencial para sanarnos, pues hay personas muy sanas sin haber perdonado un abuso sexual, una paliza o una gran humillación. Podemos llegar a comprender por qué alguien tan importante en nuestra vida como mamá o papá abusaron de nosotros, nos insultaron, nos pegaron, nos castigaron, nos despreciaron, nos sometieron, nos olvidaron o nos abandonaron.

Comprender nos libera y, en muchas ocasiones, esa comprensión nos lleva al perdón, pero no siempre es así ni tiene por qué ser así. Hay quienes han necesitado poner distancia entre sus padres (especialmente con mamá) o incluso dejar de verlos por un tiempo o para siempre, y hay quienes han mejorado sus relaciones espectacularmente. Todo está «bien» y todo es legítimo y válido. Tener que perdonar algo imperdonable, a nosotras, nos puede encadenar de por vida. Repito, no somos

> Hoy puede ser el primer día de tu nueva vida.

responsables de lo que un adulto nos hizo siendo niñas; el adulto siempre es responsable, el niño es simplemente la víctima.

Hoy puede ser el primer día de tu nueva vida.

HOY MISMO PUEDES EMPEZAR A SANAR LA HERIDA PRIMARIA DE TU NIÑA INTERIOR PARA LLEGAR A SER LA MADRE O EL PADRE QUE TUS HIJOS NECESITAN.

Sanarte te permitirá responsabilizarte HOY de todo eso que te pasó y te faltó para poder liberarte y llegar a ser la madre o el padre que tus hijos necesitan y la persona que viniste a ser. Lo más importante no es aquello que te pasó, sino lo que hiciste con ello siendo niña o niño y cómo te sigue afectando a día de hoy.

Agradecimientos

Quiero agradecer desde lo más profundo de mi ser a mi gran amor y compañero de vida, Andreu, y a nuestros tres hijos, Ainara, Urtzi y Naikari, su amor incondicional, su presencia, su comprensión y sobre todo su complicidad y paciencia. Este libro que ahora tienes entre tus manos ha podido gestarse gracias a ellos. Escribir este libro era un sueño para mí y ellos me han apoyado fielmente desde el primer día. Os quiero tanto... ¡Gracias!

También quiero mencionar a una madre muy especial para mí, ella es Laia Martín Polo, a quien agradezco desde lo más profundo de mi corazón todo su apoyo y amor incondicional al ofrecerse para ayudarme con las correcciones de los textos, ordenar y organizar el prefacio y la introducción de este libro. Otro agradecimiento es para mis editoras, Rosario, Irene y Teresa, por confiar en mi mensaje y por su disponibilidad, amabilidad y cariño.

Por último, necesito dar las gracias a todas y cada una de las personas, sin excepciones, que actualmente formáis parte de mi vida y a todas las que algún día también formasteis parte de ella. Directa o indirectamente, habéis hecho posible que este libro con mi mensaje haya sido concebido, gestado y parido para poder ser compartido con el universo.

He aprendido y desaprendido tanto a lo largo de todos estos años, con cada persona que se ha cruzado en mi vida... Gracias por estar hoy aquí conmigo y gracias por haber estado el tiempo adecuado y necesario.

Este agradecimiento es para ti también, aunque aún no nos conozcamos. Gracias por darme la oportunidad de entrar en tu vida a través de este libro.

EJERCICIO

EJERCICIO PRÁCTICO DE AGRADECIMIENTO

A continuación, me gustaría ofrecerte este ejercicio con la intención de que celebres tus logros, tus éxitos y tus cambios, por pequeños que estos te parezcan. Estoy convencida de que, si miras atrás en el tiempo, habrá actitudes y aspectos de tu vida que has cambiado o mejorado: estar más presente con tus hijos, darles más voz, respetarlos si no desean comer algo, dormir con ellos, cogerlos en brazos cuando más lo necesitan, satisfacer más y mejor algunas de sus necesidades, elegir estar por ellos más a menudo, anteponer sus necesidades a las tuyas...

En este ejercicio mi propuesta es que elabores una lista con todo lo que estás haciendo mejor o más a menudo, con tus logros, éxitos y todo aquello que te hace sentir en paz y en armonía contigo misma. Recuerda agradecer quién eres, lo que tienes y todo lo que has conseguido, y no te enfoques solamente en todo aquello que aún no eres o no has conseguido. Celebra y agradece cada día y verás como todo lo demás irá llegando a su debido tiempo y cuando realmente estés preparada para recibirlo. Los grandes cambios suele costar más mantenerlos en el tiempo. Avanza lentamente, pero segura y con total certeza.

Desde hace años hago un ejercicio de agradecimiento cada noche antes de acostarme que consiste en agradecer aquello más simple de ese día: la paciencia que he tenido con mi pareja cuando me ha dicho que se había olvidado de hacer algo, estar más presente con mis hijos sin haber sentido esa sensación de ahogo, tener un cuerpo sano, un día de sol... Cualquier cosa, experiencia, vivencia que sientas que te ha hecho tener un mejor día.

Nota: también puedes agradecerte algo a ti misma, a tu pareja, a tus hijos, a tu cuerpo o incluso a la vida.